EINFACH EMERGENT

03

–

WIE DIE BIBEL SINN MACHT.
EIN ALTES BUCH
NEU KENNENLERNEN

–

DOMINIK SIKINGER

deutschland Emergent

francke

Über den Autor:
Dominik Sikinger, Jahrgang 1980, ist verheiratet mit Rebekka, wohnt im schwäbischen Heimerdingen und ist Studienleiter bei der Werkstatt für Gemeindeaufbau in Ditzingen. Dort kann er seiner Leidenschaft nachkommen, das reiche Erbe der Kirche Jesu Christi mit den neuen Weinschläuchen der Gegenwart zu verbinden. Seit der Gründung von Emergent Deutschland ist DoSi Mitglied des Koordinationskreises. Gelegentlich bloggt er unter http://dosi.p-shuttle.de.

Bibliografische Information Der Deutschen Bibliothek
Die Deutsche Bibliothek verzeichnet diese Publikation in der Deutschen Nationalbibliografie; detaillierte bibliografische Daten sind im Internet über *http://dnb.ddb.de* abrufbar.

–

ISBN 978-3-86827-415-8

35037 Marburg an der Lahn
Umschlaggestaltung: www.denisholzmueller.de
Satz: Verlag der Francke-Buchhandlung GmbH
Druck und Bindung: CPI Moravia Books, Korneuburg

–

www.francke-buch.de

BAND 03

IN DER EDITION
EINFACH EMERGENT

Edition „Einfach emergent“:

Herausgegeben von
Tobias Faix & Tobias Künkler

Die Edition „Einfach emergent“ greift Themen aus dem emergenten Dialog zu Kirche und Glaube im 21. Jahrhundert auf. Diese sollen in knapper und leicht verständlicher Weise zugänglich gemacht werden. Die Leserinnen und Leser werden eingeladen zum Nach- und Mitdenken sowie zum Ausprobieren und Mitmachen.

INHALTSVERZEICHNIS

EINLADUNG

Ich mag die Bibel. Ich habe mit ihr lesen gelernt und nie aufgehört, in ihr zu lesen. Bisweilen habe ich den Text farblich markiert, Symbole an den Rand gezeichnet oder Notizen gemacht. Wenn eine Bibel durchgelesen war, habe ich eine neue gekauft. In verschiedenen Übersetzungen, in unterschiedlichen Sprachen. Mal mit Bibelleseplan, mal ohne, mal einige Kapitel am Stück, mal nur wenige Verse. Mittlerweile verstehe ich genug Griechisch und Hebräisch, um auch in den Urtext schauen zu können.

Nicht jeder teilt meine Begeisterung für die Bibel. Viele haben Schwierigkeiten mit ihr. Sie finden sie sperrig, trocken und langweilig. Das macht mich traurig, weil mich die Bibel begeistert. Ich habe dieses Buch geschrieben, weil ich mir wünsche, dich mit meiner Freude an der Bibel anstecken zu können.

ÜBER DIE BIBEL

Ein einzigartiges Buch

Die Bibel ist *das* Buch. Sie wurde von mehr Menschen gelesen und in mehr Sprachen übersetzt als jedes andere Buch. Als kleine Bibliothek enthält sie 66 ganz unterschiedliche Schriften: Geschichtsbücher, Gesetzestexte, Erzählungen, prophetische Bücher, Gebete, Sprichwörter, Briefe und Gedichte. Sie wurden über ca. 1400 Jahre hinweg von mehr als 40 Autoren (darunter z. B. Könige, ein Maulbeerfeigenzüchter und ein Zeltmacher) auf drei Kontinenten in drei verschiedenen Sprachen verfasst. Alle ihre Verfasser haben eines gemeinsam: Sie hatten Gott erfahren und verarbeiteten dies in ihren Schriften. Sie weisen auf Gott als den Urheber ihrer Botschaft hin. Sein Reden und Handeln ist der rote Faden im Neuen wie im Alten Testament.

Später sollten andere Menschen denselben Gott durch die Schriften der Bibel erfahren. Sie stellten fest: Hier ist der Atem Gottes spürbar (2 Tim 3,16)[1]; die Menschen, die diese Schriften verfassten, wurden „vom Heiligen Geist getrieben" und haben „von Gott

1 Bisweilen habe ich in Klammern Bibelstellenangaben eingefügt. Diese sind nicht als *Beweis* dafür gedacht, dass ich recht habe, sondern als doppelter *Hinweis*: Einerseits hat mich diese Stelle bei dem, was ich geschrieben habe, inspiriert; andererseits führt sie das, was ich geschrieben habe, weiter. Es lohnt sich also, diese Verse zu lesen und über sie nachzusinnen. Wenn zitierte Bibelstellen etwas komisch klingen, mag es daran liegen, dass ich sie gelegentlich selbst übersetzt habe. Im Anhang dieses Buches findest du außerdem eine Liste von Büchern, die mich beim Schreiben inspiriert haben.

her“ geredet (2 Petr 1,21). Zum Geheimnis der Inspiration der Bibel gibt es viele Meinungen. Ich persönlich glaube, dass das, was Gott sagen wollte, mit dem übereinstimmt, was die unterschiedlichen Autoren aufgeschrieben haben. Deshalb ist die Bibel für mich vertrauenswürdig. Je mehr ich in ihr lese, desto mehr liebe ich ihre Vielfalt. Und desto mehr macht sie für mich Sinn.

Es geht ums Herz

Es ist wichtiger, die Bibel mit dem Herzen zu lesen als mit dem Verstand. Gott wirbt um unser Vertrauen, unsere Liebe und unseren Gehorsam. Wer Gott begegnet ist, wird nicht aufhören, nach ihm zu suchen, ihn immer weiter und tiefer erkennen und ihm zur Freude leben zu wollen (Phil 3). Darum ist das letzte Ziel des Bibellesens nicht, möglichst vieles zu begreifen (obwohl das eine feine Sache ist), sondern von Gott ergriffen, geprägt und geformt zu werden. Es geht nicht nur darum, die Wahrheit der Bibel zu verstehen, sondern sie zu leben. Die Frage „Wie kann ich mit meinem Leben darauf antworten?“ ist wichtiger als die Frage „Was bedeutet das?“

Verstehenshilfen

Die Bibel ist in mancherlei Hinsicht ein schwer verständliches Buch (2 Petr 3,15f.). Sie selbst spricht davon, dass unsere Einsicht immer bruchstückhaft bleiben wird (1 Kor 13,12; Jes 55,8f.; Spr 25,2). Dennoch können wir in unserem Verständnis der Bibel wachsen. Dazu braucht es in erster Linie die Erleuchtung durch den Heiligen Geist (1 Kor 2,10-16). Zusätzlich sind wir auf die Ergänzung unserer Glaubensgeschwister angewiesen – im Hauskreis, in der eigenen Gemeinde, aber auch auf Quellen anderer Zeiten und Kulturkreise. An dem, was andere in der Bibel erkennen, sollten wir unsere Einsicht prüfen, damit wir nicht unsere eigene Erkenntnis zum Maßstab für die Rechtgläubigkeit anderer machen. Die Glaubensbekenntnisse der Kirche können uns Orientierung dafür geben, worin der Kern der christlichen Botschaft besteht.

Außerdem sollten wir uns beim Lesen der biblischen Bücher ihrem Anliegen unterordnen. Wenn wir zu kurze Abschnitte lesen, verstehen wir die Zusammenhänge nicht. Wenn wir nur Antworten auf unsere Fragen suchen, sind wir vielleicht gar nicht bereit, auf das zu hören, was der Autor selbst sagen will. Viele suchen in der Bibel nach Lehrsätzen, die sie glauben, oder nach Prinzipien, die sie anwenden können. Oft werden einzelne Aussagen aus dem Zusammenhang gerissen, was zu äußerst fragwürdigen Ergebnissen führt.

Wer sich auf die Bibel einlässt, merkt schnell: Sie ist weder ein „Handbuch der rechten Lehre" noch eine „Enzyklopädie der Wahrheit", wo man bei Fragen einfach unter dem passenden Stichwort nachschlagen könnte. Nein, die Bibel erzählt eine Geschichte.

Gott und die Geschichte(n)

Diese Geschichte beginnt in einem Garten und endet in einer Stadt. Dazwischen erzählen viele kleine Geschichten das große Drama Gottes und seiner Schöpfung beziehungsweise der Menschheit. Der rote Faden ist dabei das Handeln des Gottes Abrahams, Isaaks,

Jakobs, Moses, Davids, Elias und Jesu Christi, der den Menschen immer mehr von sich offenbart.

Die verschiedenen Autoren der Bibel tragen alle zur Vervollständigung der Erzählung bei. Manche knüpfen dort an, wo andere aufgehört haben; wieder andere fangen von vorne an oder fügen neue Elemente hinzu. Eine große Rahmenhandlung hält die vielen kleinen Geschichten zusammen. Gott lädt uns ein, diese Geschichte näher kennenzulernen und selbst ein Teil von ihr zu werden.

Wer eine andere Person beschreiben soll, kann entweder die Fakten nennen: Alter, Schuhgröße, Kind von ..., et cetera. Oder er kann erzählen, was er mit dieser Person erlebt hat. Beides ist hilfreich. Auch über Gott kann man abstrakt reden, Informationen und Fakten vermitteln. Oder man kann erzählen, was Gott getan hat. Fakten oder Geschichten – beide kommen in der Bibel vor, aber die Geschichten überwiegen. (In der Theologie war das leider meist anders ...) Das Alte und das Neue Testament beginnen jeweils mit langen Erzählungen. Es wird in ihnen darüber nachgedacht, wie Gott beziehungsweise Jesus ist und wie das Leben-mit-Gott[2] aussehen sollte. Natürlich hat auch Jesus selbst eine Menge Geschichten erzählt.

Die verschiedenen Geschichten, die die Bibel über Gott erzählt, bereiten manche Schwierigkeit, da sie sich oft dem logischen Denken widersetzen. Häufig kreisen sie um ein Thema, ohne eine klare Aussage zu treffen. Aber vielleicht werden sie gerade so der Komplexität unserer Wirklichkeit gerecht. Vielleicht macht es die

---

2 Zur Wendung „Leben-mit-Gott" siehe http://dosi.p-shuttle.de/sinn-der-sache/.

Beschränktheit unserer Sprache und unseres Denkens unmöglich, gewisse Sachverhalte in nur einem Satz aus einer einzelnen Perspektive auszudrücken. Die Geschichten der Bibel vermitteln Lebendigkeit, Tiefe und Vielschichtigkeit auf eine Weise, die einem anschließend abstrakt formulierten Glaubensbekenntnis verwehrt ist. Dabei setzen sie ihre eigenen Schwerpunkte – manches wird detailliert erzählt, anderes nur mit grobem Pinselstrich gemalt oder ganz übersprungen. Doch es bleiben viele Fragen offen.

Gott offenbarte sich also nicht in abstrakten Ideen oder Lehrsätzen, sondern in konkreten geschichtlichen Taten. Gott wirkte und begegnete Menschen. Diese sprachen darüber, erzählten es weiter, schrieben es auf. Aus dem Nachdenken darüber, was Gott getan hat, verstanden sie immer mehr, wie Gott ist. So erzählt uns die Bibel zunächst einige Geschichten über die Treue Gottes (zum Beispiel bei Noah, Abraham, Joseph, Mose oder David) und formuliert erst danach das Bekenntnis: Gott ist treu (zum Beispiel in Psalm 86,15 und 146,6). Das zeigt: Es geht Gott um konkretes Handeln im Umgang mit konkreten Menschen. Durch die Erzählungen darüber, wie Gott verschiedenen Menschen seine Treue zeigte, verstehen wir den Sinn der Aussage: Gott ist treu. Und wir können die Treue Gottes in unserem eigenen Leben entdecken und erfahren.

Wie die Geschichte Sinn macht

So erzählt die Bibel die größte Geschichte aller Zeiten. Sie erzählt von den guten Ideen Gottes, wie er sich über seine Schöpfung freut und wie er an ihr leidet.

Die Bibel schildert unsere Vergangenheit, unsere Gegenwart und unsere Zukunft. Gott hat diese Geschichte begonnen und er hat ihr auch ein Ziel gesetzt. Die Bibel erzählt davon, wie Gott diese Geschichte wahrnimmt und wie er durch sein Handeln eingreift.

Die einzelnen Erzählungen fügen sich zu einem Mosaik, das zu unserem Verständnis der Wirklichkeit beiträgt. Je mehr wir uns mit dieser Geschichte beschäftigen, desto mehr verstehen wir ihren Sinn und ihre Bedeutung. Es ist die Geschichte des Volkes Gottes, in die Gott uns einlädt. Immer wieder hat er sich Menschen offenbart, sie als seine Werkzeuge ausgewählt und einen Bund mit ihnen geschlossen, damit sie mit ihm leben und ihn bekennen. Wir leben mitten in dieser Geschichte, die von der Schöpfung bis zur Vollendung reicht. In ihrem Licht verstehen wir, wer wir als Einzelne und als Gemeinschaft des Volkes Gottes sind und wozu wir bestimmt sind.

In dieser Geschichte geht es darum, dass Gott Vielfalt schafft und sie in Jesus zur Einheit bringt. Tief eingewoben ist ein roter Faden des Scheiterns, der zur Entfremdung von Gott führt. Die Suche nach einer Lösung treibt die Geschichte voran. Aber das Hauptmotiv bleibt dasselbe: Gott schafft eine Gemeinschaft, die in Einheit mit ihm zum Wohl ihrer Mitmenschen und der Schöpfung nach seinem Willen lebt.

Inspiriert vom britischen Theologen N. T. Wright, werde ich die Hauptlinien der Geschichte, die uns die Bibel erzählt, als Drama in fünf Akten nacherzählen. Vielleicht hilft es dir, diese Geschichte und deinen Platz in ihr besser zu verstehen.

PROLOG

Die Geschichte, die die Bibel erzählt, beginnt mit den Worten „Am (oder: im) Anfang“ (Gen 1,1; Joh 1,1). Aber noch davor findet sich das Vorspiel, der Prolog. Bevor Gott Himmel und Erde schuf und damit die Zeitrechnung der Weltgeschichte begann, war ja nicht nichts. Im Anfang, oder besser gesagt *vor dem Anfang*, war Gott. Über dieses große Geheimnis reden die biblischen Autoren nur scheu und zögerlich.

„Im Anfang war das Wort, und das Wort war bei Gott, und Gott war das Wort“, schreibt Johannes und erläutert in Johannes 1: Dieses Wort ist Jesus, der Messias, der einzig geborene Sohn Gottes. Er ist selbst Gott und ist im Schoß des Vaters. Vor der Welt und der Schöpfung war die Gemeinschaft in Gott. Vater, Sohn und Heiliger Geist sind nicht dieselben, auch nicht drei verschiedene, sondern miteinander *ein* Gott. Wir wissen: „Gott ist Liebe“ (1 Joh 4,8), und Jesus sprach davon, dass er im Vater und der Vater in ihm ist (Joh 17) und sie miteinander eins sind (Joh 10,30).

Im Nachdenken über das Beziehungsgeschehen in Gott hat die alte Kirche mit vorsichtiger Sprache zu deuten versucht, dass Vater, Sohn und Heiliger Geist sich gegenseitig durchdringen und sich in Liebe aneinander verschenken. Die Dreieinigkeit Gottes besteht nicht aus drei verschiedenen Einzelwesen, sondern die Beziehungen selbst gehören zum Wesen Gottes. Später wurde der Begriff der *Perichorese* verwendet – ein eng umschlungener Tanz, in dem die Tanzenden einander

Raum schaffen und sich gegenseitig durchdringen. Vater, Sohn und Geist schließen sich nicht nur in die Arme, sondern gehen ineinander ein, durchdringen einander und wohnen ineinander.

Das war der komplizierteste Abschnitt des ganzen Buches, aber dieser Prolog ist wichtig. Denn die Bibel erzählt die Geschichte von Gott, der Liebe ist, der sich selbst klein macht, um Raum für andere zu schaffen, der sich in Liebe an andere verschenkt. Gott selbst ist Einheit-in-Gemeinschaft. Gottes Traum für seine Schöpfung ist genau das: Eine Einheit-in-Gemeinschaft, die sich aneinander verschenkt, die sich klein macht, um Raum für andere zu schaffen. Durch die ganze Bibel hindurch zieht sich die Sehnsucht Gottes, ein Volk zu schaffen, das die göttliche Gemeinschaft selbst widerspiegelt und so zu seinem wahren Bild wird. In dieser Liebesgemeinschaft will Gott wohnen.

1. AKT: DIE SCHÖPFUNG

Schöpfung

Wenden wir uns dem ersten Akt zu. Er beginnt, als Gott Himmel und Erde schuf. Die Bibel erzählt nicht in erster Linie, wer oder wie Gott *ist*, sondern sie schildert sein Handeln. Gott erschafft Himmel und Erde. Er ruft das Nichtseiende ins Dasein (Röm 4,17). Das bringt uns zum Staunen und zur Anbetung.

Wenn vor dem Anfang nur Gott war, dann war alles, was war, Gott. Damit es überhaupt *Raum* für die Schöpfung geben konnte, musste sich Gott in gewissem Sinne zurückziehen – sich kleiner machen, um seine Schöpfung zu ermöglichen. Das Wesen der Dreieinigkeit Gottes, nämlich Raum zu schaffen füreinander, sich aneinander zu verschenken, fließt über in die Schöpfung – auch das lässt uns anbetend staunen.

Welch eine prächtige Schöpfung! Eine überschwängliche Fülle von Pflanzen und Tieren, Farben, Formen und Landschaften. Am sechsten Tag der krönende Abschluss: der Mensch. Die Einheit-in-Gemeinschaft, die in der Dreieinigkeit herrscht, hat Gott tief in die Schöpfungsordnung hineingelegt, und so wünscht er sich auch das Zusammenspiel seiner Geschöpfe auf Erden. Menschen und Tiere erhalten ihre je eigene Nahrung und stehen nicht in Konkurrenz zueinander (Gen 1,29f.). Die ursprüngliche Schöpfung war geprägt von versöhnter Gemeinschaft, von Harmonie und tiefem Frieden. Für alle war gesorgt, alles war in Fülle vorhanden. Als Fazit und Bilanz des Schöpfungswerkes steht

Genesis 1,31: „Gott sah an alles, was er gemacht hatte, und siehe, es war sehr gut."

Gottes Ebenbild

Gemäß Genesis 1,26-28 sollen die Menschen gemeinsam als Ebenbild Gottes über die Schöpfung herrschen. Gott hat sie in und zu seinem Bild geschaffen. Was bedeutet das?

Im Altertum stellten Könige in den von ihnen beherrschten Provinzen Statuen und Abbilder von sich auf, um so ihre Herrschaft zu verkünden. In gleicher Weise sind die Menschen das Zeichen der Herrschaft Gottes – seine Statthalter, die an seiner Stelle die Welt so regieren sollen, dass Gott in ihnen erkannt werden kann. Gott hatte die Welt weise geordnet und seiner Schöpfung das zur Verfügung gestellt, was sie zu ihrem Gedeihen brauchte. Als seine Stellvertreter sollten die Menschen das, was Gott geschaffen hatte, zur weiteren Entfaltung bringen, die Erde bebauen und bewahren, für sie sorgen, sie hegen und pflegen (Gen 1,28). Gott verbindet sein Wirken mit den Menschen, er vertraut ihnen seine Schöpfung an und will durch sie wirken.

Auf einer zweiten Ebene sind die Menschen Bild Gottes. In Genesis 1,27 heißt es: „Und Gott schuf den Menschen in seinem Bild; im Bild Gottes schuf er ihn; männlich und weiblich schuf er sie." Die Geschlechter sind verschieden und haben beide ihren eigenen Anteil am Abbild Gottes. Die Zweisamkeit von Mann und Frau, die sich darin ausdrückt, dass ein Mann Vater und Mutter verlässt, seiner Frau anhängt und die beiden zu einem Fleisch werden (Gen 2,24), ist der vorläufige Höhepunkt der Schöpfung. Was Gott bislang *gut* nannte (Gen 1,4.10.12.18.21.25), nennt er jetzt *sehr gut* (Gen 1,31). *Nicht gut* ist es hingegen, wenn Menschen allein sind (Gen 2,18). In der Liebesgemeinschaft zweier Menschen, die sich aneinander verschenken und Raum für den anderen schaffen, leuchtet das Ebenbild der Gemeinschaft der Dreieinigkeit auf. Hier entsteht neues menschliches Leben, und der Auftrag „Seid fruchtbar und mehret euch" (Gen 1,28) wird erfüllt. In der liebevollen Einheit und Gemeinschaft zweier Menschen spiegelt sich so die Einheit-in-Gemeinschaft Gottes wider.

Schalom

Am Tag nach der Erschaffung des Menschen „ruhte Gott von allem, was er gemacht hatte" und „segnete und heiligte den siebten Tag" (Gen 2,2f.). Die Schöpfung ist zu ihrem Ziel gekommen, dem paradiesischen Urzustand, in dem wir den guten Schöpferwillen Gottes erkennen. Die liebende Einheit Gottes findet ihren irdischen Ausdruck in der liebenden Einheit zwischen Adam und Eva, die mit sich selbst, miteinander, mit Gott und der Schöpfung in versöhnter Gemeinschaft leben. Hier herrscht Schalom – tiefer göttlicher Friede, eine ganzheitliche Harmonie auf allen Beziehungsebenen. Die Schöpfung erstrahlt im Glanz der Herrlichkeit Gottes. Alles zielt auf ein Leben in Überfluss, Fülle und Fruchtbarkeit ab, das die Schöpfung, das Miteinander und die Beziehung zum Schöpfer genießen kann.

Im Rückblick auf den ersten Akt erkennen wir, dass Ebenbild Gottes zu sein zumindest dreierlei bedeutet:

wie Gott zu schaffen, das heißt eine erfüllende Tätigkeit zu haben und die Schöpfung im Sinne Gottes zu gestalten, wie Gott Beziehung und Gemeinschaft zu haben und wie Gott in Ruhe und Freude zu genießen.

2. AKT:
DIE KATASTROPHE

Zerbruch

Der zweite Akt erzählt von dem Ereignis, das traditionell als *Sündenfall* bezeichnet wird (Gen 3): Angestiftet von der Schlange geben Adam und Eva der Versuchung nach und tun, was Gott ihnen untersagt hatte: Sie essen von der Frucht des Baumes der Erkenntnis. Die Folgen sind verheerend: Die umfassende, versöhnte Einheit-in-Gemeinschaft zerreißt.

Das betrifft zuerst die Harmonie *im Menschen selbst*. Wie Adam und Eva sich ihrer Nacktheit schämten und ihre Blöße bedeckten (Gen 3,7), geht es seither vielen Menschen. Sie schauen mit kritischem Blick auf sich selbst und sind nicht zufrieden mit dem, was sie sehen. Sie versuchen, ihre dunklen Seiten und ihr wahres Ich vor anderen zu verbergen. Was Gott *sehr gut* nannte, wird als mangelhaft oder ungenügend empfunden. Wir stellen unseren Wert in Frage und wurden arrogant oder betrachten uns als minderwertig – das sind zwei Seiten derselben Medaille. Dass Menschen nicht mehr mit sich selbst versöhnt sind, zeigt sich auch daran, dass Adam versucht, Eva die Schuld für sein Handeln zu geben (Gen 3,12), statt selbst die Verantwortung dafür zu übernehmen.

Damit ist auch die Harmonie *zwischen den Menschen* zerrissen. Adam und Eva schämen sich voreinander (Gen 3,7). Wir *be*urteilen nicht nur uns selbst, sondern auch andere, was schnell zum *Ver*urteilen führt – so wie Adam die Schuld Eva und Gott zuweist („die *Frau*, die *du* mir gegeben hast" Gen 3,12). Hieraus entsteht Entfremdung und Unfriede zwischen den Menschen. Der Weg zum ersten Mord der Geschichte ist nicht weit, Rachegedanken und die Abgrenzung einzelner Familien und Sippen voneinander folgen (Gen 4). Die Harmonie zwischen den Geschlechtern ist dahin. In Genesis 3,16 wird Eva gesagt, dass ihre Sehnsucht sich auf ihren Mann richten, dieser aber über sie herrschen wird. Das Ringen der Geschlechter um die Vorrangstellung entspricht somit nicht dem guten Schöpferwillen Gottes.

Noch tiefer reicht der Schmerz: Auch die Harmonie *zwischen den Menschen und der Schöpfung* ist zu Ende. Die ersten Tiere sterben, damit Adam und Eva bekleidet sein können (Gen 3,21). Frauen gebären ihre Kinder unter Mühe und Schmerzen (Gen 3,16). Männern wird die Arbeit zur Plage – Gott spricht vom verfluchten Ackerboden, von Dornen und Disteln, vom Schweiße des Angesichts (Gen 3,17f.). Hier beginnt die Unterdrückungsgeschichte der Schöpfung, die in Tierquälerei, Ausbeutung der Natur und Umweltverschmutzung mündet. Die Unversöhntheit spiegelt sich grundlegend in der Schöpfung wider: Tiere töten und fressen einander. Sie könnte auch Teil einer Erklärung für Naturkatastrophen, Krankheiten und ähnliches Leid sein.

Als letzte Ebene der einstigen Einheit-in-Gemeinschaft zerreißt auch die Harmonie *zwischen Menschen und Gott*. Die intime Vertrautheit miteinander ist verloren. Adam und Eva verstecken sich vor Gott, der in der Kühle des Abends mit ihnen spazieren gehen möchte. Im Gespräch mit ihm flüchten sie sich in Ausreden und Halbwahrheiten. Zwar bedeckt Gott ihre Blöße durch von ihm gemachte Kleidungsstücke, aber er geht doch auf Distanz zu ihnen, vertreibt sie aus dem Garten Eden und verwehrt ihnen die Rückkehr und den Zugang zum Baum des Lebens.

Invasion

Das tragische Ausmaß des Sündenfalles wird erst deutlich, wenn wir erkennen, dass nun Mächte auf den Plan treten, die den guten Absichten Gottes gegenüber feindlich eingestellt und darauf aus sind, die Schöpfung zu quälen.

Berücksichtigt man die Andeutungen in den verschiedenen biblischen Büchern dazu, dann scheint es so, dass eine Art Machtübertragung von den Menschen auf die Schlange, die später mit dem Teufel identifiziert wird, geschah. Er wurde zum Fürst dieser Welt, in dessen Eigentumsbereich sich Staaten und Menschen befinden (Offb 12,9; Lk 4,6; Joh 12,31; Apg 26,18; Eph 2,2f.). Möglicherweise erhielt die Schlange die Autorität, die Welt zu regieren, als Adam und Eva ihrer Stimme vertrauten und das Gebot Gottes übertraten. In der Geschichte, die die Bibel erzählt, spielt der Teufel eine beachtliche Nebenrolle, die vom dritten bis zum drittletzten Kapitel reicht. Ausgenommen sind also die vier Kapitel, in denen Gott seine Schöpfung ursprünglich hervorbrachte und einstmals zur Vollendung bringen wird.

Mit dem Sündenfall kamen auch Sünde und Tod in die Welt, über deren enge Verbindung Paulus viel zu sagen hat (beispielsweise Röm 5). Seither treiben sie ihr Unwesen, unter dem die ganze Schöpfung leidet.

Ausbreitung

In den weiteren Kapiteln der Urgeschichte (Gen 4-11) breiten die zerbrochenen Menschen, die ihren göttlichen Glanz verloren haben, sich und damit auch das Unheil auf der gesamten Erde aus. Sünde zeigt sich in jeder Form als Missachtung der Liebe zu Gott und zum Nächsten. Sie ist eine Übertretung des Willens Gottes. Die düsteren Auswirkungen des Sündenfalls sind in den einzelnen Menschen, in der Gesellschaft und der Geschichte spürbar und eskalieren mit jeder Generation weiter.

Nach der Vereinigung der mysteriösen „Gottessöhne" (vermutlich Engelwesen) mit den „Menschentöchtern" begrenzte Gott die Lebenszeit der Menschen auf 120 Jahre (Gen 6,1-4). Sein Schmerz darüber, wie sehr sich die Menschheit von seinen Vorstellungen entfernt hatte, ist offensichtlich. Er bereut, die Menschen überhaupt erschaffen zu haben, und plant sogar die Auslöschung aller Lebewesen (Gen 6,5-8). Doch letztlich verschont er Noahs Familie und einige Tiere und beginnt mit diesem Überbleibsel von vorne (Gen 6-9). Doch das Böse ist tief ins Wesen des Menschen eingedrungen (Gen 6,5; 8,21). So zeigt Ham beispielsweise keinen Respekt vor der Nacktheit seines Vaters Noah (ein interessanter Gegenpol zu Gottes Kleidermachen in Gen 3), der ihn daraufhin verflucht und den Beginn der Feindschaft zwischen den Nachkommen Hams und seiner Brüder stiftet (Gen 9,20-27).

Doch keineswegs alles ist schlecht: Menschliche Kunst und Kultur entwickeln sich und finden in den verschiedenen Sippen ihren Ausdruck (Gen 4,20-22). Nach der Flutkatastrophe bekennt sich Gott erneut zu seiner Schöpfung. Er schließt einen Bund mit Noah und verspricht, die Erde nicht mehr wegen der Bosheit der Menschen zu vernichten und auch den Kreislauf der Jahreszeiten zu erhalten (Gen 8,20-9,17). Die verschiedenen Bundesschlüsse im Alten Testament sind Wegmarken in der sich entfaltenden Geschichte von Gottes rettender Antwort auf die menschliche Not.

Gott erneuert den Auftrag an die Menschen, fruchtbar zu sein und das Land mit Leben zu füllen. Die Völkertafel in Genesis 10 nennt 70 Nationen, die sich auf der Erde ausbreiten. In geheimnisvoller Weise wirkt Gott dabei mit und setzt den Völkern ihre zeitlichen und geographischen Grenzen (Apg 17,26; Deut 32,8).

Diese Bewegung kommt in Genesis 11 zu einem vorläufigen Ende, als die Menschen beschließen, sich alle an nur einem Ort anzusiedeln. Als Mittel gegen die Zerstreuung in alle Länder bauen sie in Babel einen Turm, dessen Spitze bis an den Himmel reicht. So wollen sie sich „einen Namen machen“. Gott erkennt die Kraft, die in der Einheit der Menschen liegt, und verwirrt ihre Sprache. Die einzelnen Gruppierungen können einander nicht mehr verstehen. Sie entfremden und entfernen sich voneinander. In trüben Farben wird das Bild einer zerrütteten Welt, zerrissener Beziehungen und verlorener Harmonie gemalt, die sich weit von den guten Absichten Gottes entfernt hat. So leben die Menschen verstreut auf der Erde, unter Mühsal, inmitten einer Schöpfung, die unter dem Fluch stöhnt.

ZWISCHENSPIEL I: FLUCH UND SEGEN

Nach der Weite der Nationen richtet sich der Fokus am Ende der Urgeschichte auf das Schicksal einer einzelnen Familie. Terach, ein Nachkomme von Noahs Sohn Sem, macht sich mit seinem Sohn Abram, dessen Frau Sarai und seinem Neffen Lot von Ur in Chaldäa aus auf den Weg nach Kanaan (Gen 11,10-32). Aus der Familie Abrams, den Gott später in Abraham umbenennt, entsteht das Gottesvolk Israel, das von nun an in den Mittelpunkt der Erzählung rückt. Die kommenden Akte des biblischen Dramas liefern die Antwort auf die Frage der Urgeschichte und schließen die Lücke zwischen der Zerstreuung der Nationen in Genesis 11 und der Heilung der Nationen in Offenbarung 22. Es ist die Geschichte des Triumphes vom Segen über den Fluch, in der Gott die in Fremdheit verkrümmte Menschheit zurück zur versöhnten Einheit mit sich selbst, mit Gott, mit dem Nächsten und mit der Schöpfung führt – einer Einheit, in der der Glanz des Ebenbildes der Dreieinigkeit aufleuchten kann. Weltgeschichte und Heilsgeschichte verbinden sich hier auf einzigartige Art und Weise und erzählen davon, wie Gott seiner gesamten Schöpfung Erlösung bringt.

3. AKT: DAS VOLK GOTTES

Die Stammväter

Zu Beginn des dritten Aktes fordert Gott Abraham auf, alles hinter sich zu lassen und der Führung Gottes zu vertrauen. Gott schließt einen Bund mit Abraham (Gen 15) und verspricht ihm dreierlei: Abrahams Nachfahren würden erstens zu einem großen Volk werden, das zweitens in einem eigenen Land wohnen und drittens zum Segen für die Nationen werden würde (Gen 12,2f.; 13,15). Gott verbündet sich mit den Nachkommen Abrahams und formt sie zu einer Gemeinschaft, die in der Beziehung zu ihm selbst Segen erfahren soll. Außerdem sollen sie zu Mittlern werden, über die der Segen Gottes zu den Nationen fließt.

Die Erwählung des Volkes Gottes geschieht weder zum Selbstzweck noch stellt sie eine Auszeichnung dar. Nein, diese Gemeinschaft ist dazu auserwählt, ein Werkzeug in der Hand Gottes zum Wohl der restlichen Welt zu sein. (Dass dies genauso für die geistlichen Nachkommen Abrahams – die Kirche Jesu – gilt, werden die kommenden Akten zeigen.) Heil bedeutet nicht, Menschen aus der Welt heraus in eine andere Sphäre zu bringen, sondern den Segen Gottes mit seiner erlösenden und verändernden Kraft zurück in seine Schöpfung zu bringen, damit heil werden kann, was im zweiten Akt zerbrochen ist.

Hier treffen wir auf ein weiteres Leitmotiv der biblischen Erzählung: Gott kommt nicht groß und mächtig daher, sondern beginnt die Erlösung der Welt im Kleinen. Aus einer Familie soll eine Gemeinschaft geformt werden, in der die Absichten Gottes verwirklicht werden. Weil Menschen es waren, die das Unheil in die Welt brachten, will Gott auch die Heilung durch Menschen bewirken. Die Geschichte von der Heilung der Schöpfung beginnt mit Abraham und wird im Messias Jesus vollendet.

Der Rest des Buches *Genesis* widmet sich ganz den Wanderungen, Abenteuern und Irrwegen Abrahams und seiner Nachkommen Isaak und Jakob. Letzterer bekommt von Gott den neuen Namen Israel zugesprochen – das wird zugleich der Name des Volkes, mit dem Gott seine Geschichte schreiben wird. Das Buch Genesis endet damit, dass Jakob vor der Hungersnot in Kanaan gerettet und mit seiner ganzen Sippe durch die Hilfe seines Sohnes Joseph nach Ägypten geführt wird.

Die Zeit in Ägypten

Dort werden aus den Nachkommen der zwölf Söhne Jakobs die zwölf Stämme des Volkes Israel. Vielleicht bestand die Gefahr, dass sich die Israeliten in Kanaan mit den umgebenden Völkern vermischt hätten und vom besonderen Auftrag Gottes an sie abgebracht worden wären. In der fremden Kultur Ägyptens behielten sie ihre Identität, weil sich die Ägypter später von ihnen abgrenzten und sie unterdrückten, sodass sie in ihrer Not ihre Hoffnung ganz auf Gott richteten.

Mose

Hier zeigt sich eine weitere Eigenschaft Gottes: Gott hört den Schrei der Unterdrückten. Und er antwortet. Wieder wirkt er durch einen Menschen. Diesmal ist es Mose, den er dazu beruft, sein Volk aus der Knechtschaft zu führen. Das Buch *Exodus* berichtet davon, wie Gott seine Macht zeigt, sein Volk befreit und aus Ägypten heraus in die Wüste führt. Unterwegs teilt sich das Meer, und Israel zieht hindurch. Auf dem Weg zum Berg Sinai rasten sie in Elim, wo zwölf Wasserquellen siebzig Palmbäumen das Leben ermöglichen (Ex 15,27). Vielleicht ist das nur eine Randnotiz, aber möglicherweise auch ein Fingerzeig dafür, dass die zwölf Stämme Israels ihre Berufung nicht vergessen sollten, den siebzig Nationen der Erde den Segen des Gottes zu bringen, der sie während ihrer Wüstenwanderung auf so wundersame Weise mit Brot und Fleisch (Ex 16) versorgte und ihren Kleidern und Schuhen eine äußerst lange Haltbarkeit verlieh (Deut 29,4).

Bund und Thora

Am Berg Sinai schloss Gott einen Bund mit den Israeliten, der sie zu seinem besonderen Volk machte, durch das sein Segen in die Welt kommen sollte. Das ist gemeint, wenn Gott zu Israel sagt: „Ihr sollt mir ein Königreich von Priestern und ein heiliges Volk sein" (Ex 19,6). Ein heiliges Volk, ausgesondert für Gott, das wie Priester die segensreiche Gegenwart und Erkenntnis Gottes verbreiten soll. Gott, der die Nationen liebt, erwählte Israel als besonderes Werkzeug, um ein Licht für die Völker zu sein.

Gott rief Israel in eine Beziehung zu ihm. Er hatte sie erwählt und befreit. Er versprach ihnen, sie auch weiterhin zu beschützen und zu versorgen. Sie ihrerseits sollten allein Gott lieben, anbeten und ihm ganz gehorchen – so, wie ihr Stammvater Abraham Gott ganz vertraut und gehorcht hatte. Darum gab Gott Israel die Thora, wovon das Buch *Levitikus* berichtet. Das Wort „Thora", das oft leicht irreführend als „Gesetz" übersetzt wird, meint eher „Unterweisung". Die Thora sollte als Richtschnur das gesamte Leben Israels regeln. Sie kann (laut Jesus) im Doppelgebot der Liebe zu Gott und den Mitmenschen zusammengefasst werden (Mt 22,35-40) und sollte Israel zu einer Art Anti-Ägypten machen: Aus der Ehrfurcht vor Gott sollten sie im Sinne Gottes miteinander leben. Das sollte besonders am richtigen Umgang mit den Schwachen sichtbar werden (vgl. Lev 19,9f.13-16 und die Kritik der Propheten in Am 2,6; 5,11f.; Mi 2,1f.8f.; Jes 1,17.23).

Eines ist wichtig: *Zuerst* hat Gott Israel erwählt und aus Ägypten geführt. Die Initiative ging von ihm aus. Er schloss den Bund mit ihnen. Seine Gnade kam zuerst. Danach war es Israels Verantwortung, sich an den Bund zu halten und in ihm zu bleiben, indem es die Thora befolgte. Die Gnade, den Bund und die Erwählung Gottes konnte sich Israel nicht verdienen.

In der Thora sehen wir eine erste Antwort auf die zerstörte Harmonie des ersten Aktes. Die Israeliten lebten mit Gott in einer Bundesbeziehung. Wenn diese durch die Sünde von Einzelpersonen oder des ganzen Volkes beschädigt wurde, konnte die Schuld auf Basis der Opferbestimmungen immer wieder getilgt werden (Lev

1-7.16). Durch das Gebot der Nächstenliebe konnte eine versöhnte Einheit unter den Israeliten entstehen, auch der sorgsame Umgang mit der Schöpfung wurde dabei nicht ausgeklammert. Wenn sein Volk seine Gebote befolgen würde, versprach Gott sie zu segnen (Deut 28,1-14). Die anderen Völker würden an Israel die Weisheit Gottes erkennen (Deut 4,6-8), und Israel würde zum Licht der Nationen werden (Jes 49,6). Dieses kleine Volk sollte die Erkenntnis Gottes in die Welt tragen und dabei helfen, die im zweiten Akt geschlagene Wunde zu heilen, damit die versöhnte Einheit-in-Gemeinschaft zwischen Gott, den Menschen und der Schöpfung wiederhergestellt werden könnte.

Das Ende Moses

Nach dem Aufbruch vom Sinai beginnt das Auf und Ab, das sich fortan durch die Geschichte Israels zieht. Vertrauen und Misstrauen in die Güte und Führung Gottes wechseln sich ab. Das Buch *Numeri* erzählt von der 40-jährigen Wüstenwanderung Israels. In dieser Zeit war die Gegenwart Gottes sichtbar bei seinem Volk, zog bei Tag als Wolken- und bei Nacht als Feuersäule vor ihnen her. Sollte das Volk länger an einem Ort bleiben, ließ sich die Säule auf der Stiftshütte nieder, die Mose als Heiligtum zur Begegnung mit Gott hatte bauen lassen (Ex 13,21f.; 40,36f.; Num 9,17-23).

Unter der Leitung Gottes führte Mose das Volk durch Irrungen und Wirrungen und durch Schlachten bis zum Fluss Jordan, gegenüber dem verheißenen Land, das sie später einnehmen sollten. Hier hielt Mose eine lange Abschiedsrede und stellte den Bund des Volkes mit Gott wieder her. Mit dem Tod des Mose endet das Buch *Deuteronomium*, das letzte der fünf Bücher Moses, die nach jüdischer Tradition gemeinsam als *Thora* bezeichnet werden und die den ersten von drei Teilen des Alten Testaments ausmachen.

Josua

Der zweite Teil, die *Propheten*, schließt sich an. Er umfasst (abgesehen von Rut) die Bücher von Josua bis Könige (die *früheren Propheten*). Die *späteren Propheten* werden in die *großen* (Jesaja, Jeremia, Hesekiel) und die *zwölf kleinen Propheten* (Hosea bis Maleachi) unterteilt. Die übrigen Bücher werden als *Schriften* bezeichnet.

Das Buch *Josua* beschreibt, wie das Volk Israel den Jordan überquert und weite Teile des Landes Kanaan einnimmt, es unter seinen zwölf Stämmen verteilt und besiedelt. Nun konnte der Wille Gottes erstmals in einer stabilen politischen, wirtschaftlichen und sozialen Ordnung ausgedrückt werden.

Die Zeit der Richter

Das Buch *Richter* legt ein beredtes Zeugnis davon ab, dass auch das Leben Israels in Kanaan ein stetiges Auf und Ab war. Immer wieder wandte sich Israel von Gott ab und geriet durch feindliche Nationen in Not. Immer wieder schrie Israel zu Gott, der dann jemanden aus dem Volk durch seinen Geist befähigte, die Situation zu wenden und Israel zu führen. Doch meist fielen die Menschen nach dem Tod eines Richters wieder von Gott ab, sodass der Kreislauf von Neuem begann.

David

Zur Zeit des letzten Richters Samuel forderte Israel einen solchen König, wie ihn die Nachbarvölker hatten. Gott sah darin seine eigene Herrschaft abgelehnt, erfüllte aber die Bitte des Volkes (1 Sam 8). Nachdem sich der erste König Saul nicht mit Ruhm bekleckert hat (1 Sam 10-15), beruft Gott David, einen Mann nach seinem Herzen (Apg 13,22). Trotz einiger gravierender Fehltritte Davids ist der Segen Gottes mit ihm; er gewinnt die Kriege Israels und sichert das Königreich ab. Gott verspricht ihm sogar, dass seine Nachkommen für immer Könige über das Gottesvolk sein werden (2 Sam 7). Zum ersten Mal erreicht das Reich Israels seine verheißene Größe.

Salomo

Unter Davids Sohn und Nachfolger Salomo, der in Jerusalem einen prachtvollen Tempel für Gott errichten ließ, brach die wirtschaftliche, kulturelle und machtpolitische Blütezeit Israels an (1 Kön 2-10). Gott wünschte sich, dass Israel zum Licht für die Welt werden würde, zu einer Gemeinschaft im Ebenbild Gottes, die er segnen und an der man seine Herrlichkeit und sein Wesen erkennen könnte. Nun war es so weit: 1. Könige 10 berichtet von dem Reichtum und der Weisheit Salomos. Weil viele Handelsstraßen durch Israel führten, wurde der Ruhm dieses Volkes und seines Gottes in viele Länder getragen. Ein Beispiel: Die Königin von Saba kam nach Jerusalem, weil sie vom Glanz Israels gehört hatte. Staunend erkannte sie die Größe und das Wirken Gottes hinter der äußeren Pracht. Nun erlebte Israel die Erfüllung der Verheißungen Gottes und wurde zu seinem Zeugnis für die Welt.

Hinter der vordergründigen Herrlichkeit begann jedoch der innere Verfall. Den Tempel Gottes hatte Salomo mithilfe von Sklavenarbeit errichtet. Israel, das von Gott aus der Sklaverei in Ägypten befreit worden war und in seinem Zusammenleben das Wesen Gottes widerspiegeln sollte, strahlte äußerlich im Glanz des Segens Gottes, hatte aber innerlich Gottes Wege bereits verlassen. Sinnbildlich dafür sind die vielen Tempel, die Salomo zu Ehren anderer Götter bauen ließ (1 Kön 11).

Verfall

Diese Entwicklung betrübte Gott zutiefst. Er setzte Ereignisse in Gang, die nach Salomos Tod zur Teilung des Königreiches Israels führten. Es entstand das Nordreich Israel, das sich von den Nachkommen Salomos lossagte, und das Südreich Juda, das weiterhin von den Nachfahren Davids regiert wurde (ab 1 Kön 11).

Die Folgezeit ist von einem ständigen Wechsel gekennzeichnet: Mal bekämpften die beiden Reiche einander, mal waren sie Verbündete. Mal befolgten die Könige den Willen Gottes – dann ging es dem Volk gut; mal wandten sie sich von Gott ab, führten das Volk in die Irre – und das Unheil nahm seinen Lauf. Grundsätzlich jedoch verschlechterte sich der Zustand der beiden Reiche unter den Königen, abgesehen von positiven Ausnahmen wie Josia oder Hiskia.

Die Kritik der Propheten

In dieser Zeit gewannen die Propheten an Bedeutung. Sie hielten der Führungsschicht Israels (Könige, Priester, Fürsten) den Spiegel vor und riefen das Volk Gottes zum Bund mit ihm zurück. Die Bücher der *späteren Propheten* sind voll von Kritik, die die ganze Spannbreite des Lebens der Israeliten umfasst. Von persönlicher Moral und Sozialethik über Familienbeziehungen, den Umgang mit Finanzen, landwirtschaftlicher Gerechtigkeit und Integrität der Gerichte bis zur politischen Ausrichtung und den internationalen Beziehungen spielten die Maßstäbe der Thora Gottes keine große Rolle mehr. Als logische Folge wurden immer mehr Tempel und Altäre für fremde Götter gebaut. Israel verfehlte seine Berufung zum Licht der Nationen, da ein Volk, das nicht nach dem Willen des Herrn lebt, von diesem auch kein Zeugnis ablegen kann.

Gott suchte ein Volk, in dessen Mitte er wohnen und in dem seine guten Absichten Gestalt gewinnen konnten, sodass Menschen miteinander, mit Gott und der Schöpfung in Harmonie leben würden. Darum konzentrierte sich die Kritik der Propheten vorrangig auf zwei Bereiche: die Abwendung des Volkes von Gott und die Abwendung der Menschen von ihren Mitmenschen, meist von den schwächeren. Die versöhnte Einheit-in-Gemeinschaft, die Israel vor den Augen der Welt sein sollte, wurde nie erreicht. Wie in Ägypten wurden nun wieder Israeliten unterdrückt und schrien zu Gott, der ihre Schreie hörte. Nur mit dem Unterschied, dass die jetzigen Unterdrücker selbst Israeliten waren. Beständig entlarvten beispielsweise *Jesaja* und

Amos die herrschende Ungerechtigkeit und heuchlerische Frömmigkeit, doch sie stießen auf taube Ohren. Israel kümmerte sich nicht um die Anliegen Gottes, den das Schicksal der Geringsten in seinem Volk und das der anderen Nationen, deren Licht Israel sein sollte, bekümmerte.

Es ist die Tragik Israels, dass das Volk, das ein auserwähltes Werkzeug in der Hand Gottes zum Segen der Völker sein sollte, sich damit brüstete, das auserwählte und bevorzugte Volk zu sein, das einen Anspruch auf den Segen und den Schutz Gottes hat. „Ich will dich segnen und du sollst ein Segen sein" hatte Gott einst zu Abraham gesagt (Gen 12,2). Den zweiten Teil dieses Satzes hatte Israel vergessen. Ein Beispiel ist der Prophet *Jona*. Erst verweigerte er sich dem Auftrag Gottes, ging aber letztlich doch in das feindliche Ninive, um das Gericht Gottes anzukündigen. Als aber die Bewohner dieser Stadt ihren Sinn änderten und zu Gott umkehrten, war Jona zornig darüber, dass Gott seine Drohung nicht wahr machte und Ninive stattdessen am Leben ließ.

Exil

Weil Israel sich weit von seiner Berufung entfernt hatte, kam das Unvermeidliche: Gottes zurechtbringendes Gericht. Zuerst traf es das Nordreich, das von Assyrien – dessen Hauptstadt Ninive war – erobert wurde. Die Bevölkerung wurde verschleppt und andere Menschen angesiedelt (2 Kön 17). Einige Zeit später wurde das Südreich Juda von Babylon eingenommen und auch dessen Oberschicht entführt (2 Kön 25; Dan 1,1-6).

Die Erfahrung des Exils prägte Israel zutiefst. Einen anschaulichen Einblick gibt Psalm 137. Gleichzeitig richtete Gott so unter den Nationen das Zeugnis von seiner Größe und Herrlichkeit auf, wie zum Beispiel die Bücher *Daniel* und *Ester* schildern.

Wieder waren die Israeliten Sklaven in einem fremden Land. Dort besannen sie sich erneut auf Gott, der ihnen weiterhin seine Propheten sandte, die einen neuen Exodus ankündigten. Vordergründig schien es nur um die Rückkehr aus der Gefangenschaft und um die Rettung aus der Hand der Feinde zu gehen. Doch in den Verheißungen der Propheten wurde eine neue Melodie hörbar: Das Volk sollte nicht dem Alten hinterherweinen, denn Gott würde Neues schaffen (Jes 43,18f.). *Hesekiel* spricht von der Wiederherstellung Israels in einer Sprache, in der das Echo der Bünde, die Gott mit Noah, mit Israel am Berg Sinai und mit David geschlossen hatte, nachhallt (Hes 34-37). Gott würde einen neuen Bund mit seinem Volk schließen und seinen Willen, an dessen Erfüllung Israel beständig gescheitert war, in die Herzen der Menschen schreiben (Jer 31,31-33) und ihre Schuld tilgen (Jes 1,18; Mi 7,18-20). In Jesaja 42.49.54f. wird dieser Bund auf die anderen Nationen ausgeweitet. Gottes Herrlichkeit, die mit Israel durch die Wüste gezogen und unter Salomo auf den Tempel herabgekommen war, diesen später jedoch wieder verlassen hatte, würde zurückkommen, sodass Gott wieder unter seinem Volk wohnen würde. Ein Leben über den Tod hinaus (Jes 26,19; Dan 12,1f.) und ein tiefer Friede in der Schöpfung wurde verheißen. Der Traum einer versöhnten Einheit-in-Gemeinschaft zwischen Gott, Mensch und Schöpfung wurde wieder lebendig.

Heimkehr

Nach 70 Jahren im Exil erlaubte der Perserkönig Kyrus den Israeliten die Rückkehr ins Land ihrer Vorfahren (2 Chr 36,21-23). Die Bücher *Esra* und *Nehemia* erzählen von der Heimkehr eines Überrestes Israels und dem Wiederaufbau Jerusalems mitsamt des Tempels Gottes. Parallel dazu kam es zu einer geistlichen Erneuerung, die von Propheten wie *Haggai*, *Sacharja* und *Maleachi* begleitet und unterstützt wurde.

Damit endet die Erzählung des Alten Testaments. Das Volk Israel lebte zwar wieder im eigenen Land in Hingabe an den Bund mit Gott, doch unter fremder Herrschaft (vgl. Neh 9,36f.). Viele der großen Versprechen Gottes standen noch aus, zu deren Erfüllung ein von den Propheten verheißener, spezieller Diener Gottes, der später als Messias bezeichnet wurde, beitragen sollte. Viele Erwartungen verschmolzen in ihm zu einer Person: Ein Prophet wie Mose würde er sein, ein König wie David, ein Friedefürst wie Salomo. Der Messias würde das Beste der Könige Israels verkörpern und die gute Herrschaft Gottes aufrichten (vgl. Ps 72).

Rückblick

Durch Gottes Reden und Handeln befand sich Israel ständig in Bewegung und lebte immer in der Spannung zwischen Verheißung und Erfüllung. Die Erwartung des Eingreifens Gottes nahm stetig zu. Gott jedoch machte sich klein und ließ sich ganz auf die

Menschen ein. Sein guter Plan hätte auch mit einem mächtigen Befehlswort wie „Es werde!“ über die Köpfe der Menschen hinweg erfüllt werden können. Doch das ist nicht Gottes Weg. Er wirkt durch und mit Menschen, aber (zum Glück) auch trotz der Menschen. Darum lassen sich die ersten drei Akte auch so zusammenfassen: Gott machte einen Anfang. Die Menschheit wandte ihm den Rücken zu – und Gott begann von Neuem. Gott versprach – und eine Familie wuchs. Israel schrie – und Gott rettete. Gott gab – und Israel nahm. Gott schaffte Raum – und Israel wandte sich ab. Gott kämpfte und bewahrte – und Israel kehrte um.

Der Blick ins Detail, auf die vielen Frauen und Männer, deren Geschichte das Alte Testament erzählt, zeigt, auf welch unterschiedliche Art und Weise Menschen mit Gott leben und den Herausforderungen, Möglichkeiten, Fragen, Enttäuschungen, Siegen und Niederlagen ins Auge sehen, die zum Leben-mit-Gott dazugehören. Menschen wie du und ich sind es, die Gott aus Ägypten befreit, mit denen er seinen Bund schließt, denen er seine Weisung gibt, die er in ihr Land führt und den Tempel bauen lässt, die er ins Exil führt und wieder heimholt.

Aus diesen Menschen besteht das Volk Gottes, dem Gott auftrug, sich immer wieder an das zu erinnern, was er mit ihnen und für sie getan hatte. Dazu stiftete Gott Feste wie das Passa zur Erinnerung an den Auszug aus Ägypten oder das Laubhüttenfest zur Erinnerung an die Wüstenwanderung. Bei diesen Festen erlebte Israel jedes Jahr neu, was Gott für sie getan hatte.

(Für uns könnte das eine Anregung sein, das christliche Kirchenjahr bewusster zu leben.) Zu diesen Festen wurde traditionell aus einigen bestimmten Büchern des Alten Testamentes vorgelesen, die zum Bestand der *Schriften* gehören.

Die Bücher des Alten Testamentes

Das bringt uns zur traditionellen jüdischen Anordnung des Alten Testamentes. Im Kern stehen die fünf Bücher Mose, die *Thora*. Sie enthalten Gottes Absichten für das Leben Israels und erzählen die Geschichte von der Erschaffung der Welt bis zum Tod Moses. Deuteronomium 34,10-12 schließt diesen Teil ab.

Um diesen Kern legt sich die Schicht der *Propheten*. Sie führen die Geschichte weiter bis zur Rückkehr aus dem Exil und enthalten Botschaften der Propheten, die Gott ihnen zu bestimmten Anlässen aufgetragen hatte. Maleachi 3,22-24 legt sich wie ein Knoten um die prophetischen Bücher herum und bindet sie zurück an die *Thora*.

Die äußerste Schicht des Alten Testamentes besteht aus den *Ketuvim* (die *Schriften*). In der christlichen Bibel sind sie ziemlich verstreut. Die traditionelle Reihenfolge ist: Rut, Psalmen, Hiob, Sprüche, Prediger, Hoheslied, Klagelieder, Daniel, Ester, Esra, Nehemia, Chronik.

Das einleitende Buch Rut knüpft an die Geschichte Israels an. Es zeigt, wie einfache Menschen (Naomi und Rut) in der Ehrfurcht vor Gott ein gelingendes Leben führen können und wie das Handeln Gottes und seine Güte im Menschen (Boas) Gestalt annimmt.

Außerdem schlägt Rut die Brücke von den Problemen der Richterzeit zur erhofften Lösung im Königtum Davids. Diese Themen werden in den restlichen *Schriften* weiter entfaltet, die aus zwei Reihen von jeweils vier Büchern (Esra und Nehemia wird als ein Buch gezählt) bestehen. Sie führen von Leid zu Freude und werden von Psalter und Chronik umrahmt.

Die erste Viererreihe führt vom Leid Hiobs zur Freude des Hohenliedes. Hier werden Aspekte des Lebens-mit-Gott behandelt, die für alle Menschen wichtig sind. Das beginnt beim Respekt vor Gott (Hiob), der in ein weise gestaltetes Leben in der Ehrfurcht vor Gott münden soll. Dazu wollen die Ratschläge der Sprüche eine Hilfe sein, die der Prediger weiterführt. Außerdem ruft er zum Genuss des Lebens auf, was im Hohelied, das die erotische Seite des Lebens feiert, zum Höhepunkt kommt.

Die zweite Viererreihe (Klagelieder bis Esra-Nehemia) erzählt die Geschichte Israels vom Leid bei der Zerstörung Jerusalems bis zur Rückkehr aus dem Exil und von der Freude über den Neuaufbau Jerusalems und des Tempels. Die Bitte um Heimkehr im ersten Buch der Reihe (Klgl 5,21) wird im letzten erhört und erfüllt. In der Mitte zeigen die Bücher Daniel und Ester das Volk Israel im Exil und machen deutlich: Gott, der oft verborgen und dessen Handeln unverständlich scheint, bleibt aktiv. Vordergründig triumphieren die feindlichen Mächte, aber Gott wirkt in ihnen und gegen sie. Durch Menschen, die sich seine Anliegen zu eigen machen, führt Gott seinen Heilsplan aus und bewahrt sein Volk.

Psalter und Chronik sind die längsten Bücher der *Schriften* und besitzen auch die größte inhaltliche Breite. Die Gebete der Psalmen prägen den Gottesdienst und das Glaubensleben Israels in Freude und Trauer, im Staunen über Gott und in der Anbetung seiner Herrlichkeit. Die Chronik (wie auch manche Psalmen) blickt noch einmal zurück auf die Geschichte des Alten Testamentes und zieht Bilanz. Sie konzentriert sich dabei darauf, wie das Volk Gottes nach seinem Willen leben sollte. Ihre Kernkapitel (1 Chr 17 und 2 Chr 6f.) verdeutlichen, dass der Schlüssel dazu bei den richtigen Führungspersonen liegt, die dem Willen Gottes folgen. Dabei ist die Kernaussage: Wer wie David und Salomo in seinem Leben und Einflussbereich für Gott Raum schafft, um den kümmert sich Gott. Einfacher gesagt: Wer Gott ein Haus baut, dem baut auch Gott ein Haus. Oder in den Worten Jesu: Strebt zuerst nach dem Reich und den Anliegen Gottes, dann werdet ihr mit dem Nötigen versorgt werden (Mt 6,33). Am Ende der Chronik führt 2. Chronik 36,22f. die Schriften noch einmal zurück an das Ende der Erzählung der Propheten und schließt das Alte Testament ab.

Seine immer wieder neu erzählte Geschichte half Israel, in Beziehung zu den anderen Nationen seinen Platz als Gottes Volk in der Welt zu finden. Thora und Schriften lehrten das rechte Leben. Die Propheten wiesen den Weg aus den Krisen, die sich daraus ergaben, dass Israel nicht auf Gottes Willen hörte.

ZWISCHENSPIEL II: ISRAEL ZUR ZEIT JESU

Die äußeren Umstände

Der aus der babylonischen Gefangenschaft zurückgekehrte Überrest Israels lebte unter persischer Herrschaft und hoffte darauf, dass Gott sich seinem Volk wieder zuwenden, ihm seine Sünden vergeben und den Messias als wahren priesterlichen König senden würde. Dieser würde das (noch immer so empfundene) Exil beenden, die Feinde unterwerfen und den Tempel in Jerusalem wieder zum Mittelpunkt der Welt machen. Gottes Herrlichkeit würde sich wieder an seinem Volk zeigen, durch das er seine gerechte Herrschaft auf Erden errichten würde.

Jahrhunderte vergingen und nichts veränderte sich. Nach den Persern kamen die Griechen, die wiederum von den Römern abgelöst wurden. Das Gottesvolk Israel lebte zwar im eigenen, ursprünglich von Gott geschenkten Land, war aber der Willkür fremder Herrscher ausgeliefert. Es wurde unterdrückt, beschämt und gedemütigt (Neh 9,36f.). Gelegentliche Aufstände der Juden waren zwar bisweilen erfolgreich, wurden aber letztlich immer brutal niedergeschlagen.

Ein Blick ins Volk

Das Bewusstsein, Teil des auserwählten Gottesvolkes zu sein, prägte die Identität der Israeliten genauso wie ihr alltägliches Leben. Man hielt sich an die vorgegebenen Gebetsrhythmen, Feste, Feiertage und Gebote. Neben dem einfachen Volk des Landes bildeten sich verschiedene Interessengruppen heraus. Die frommen *Pharisäer*, zu denen die meisten Schriftgelehrten gehörten, hielten sich an viele mündlich überlieferte, religiöse Weisungen und versuchten, Einfluss auf das Volk zu gewinnen. Sie sympathisierten mit revolutionären Bewegungen wie den *Zeloten*, deren Ziel es war, die Römer mit Gewalt zu vertreiben. Die *Essener* lebten in zurückgezogenen Gemeinschaften, strebten nach Reinheit und verstanden sich selbst als den wahren, treuen Kern des Gottesvolkes. Die Oberschicht Israels bestand vorrangig aus den Reihen der *Sadduzäer*. Sie stellten die unter römischer Oberherrschaft regierenden Könige aus der Linie der *Herodianer* und auch die meisten Priester. Ihre Zusammenarbeit mit den Römern wurde von den anderen Gruppierungen abgelehnt. Das galt auch für die Könige aus der Familie des Herodes, die zwar der jüdischen Hasmonäerlinie entstammten, aber als römische Marionetten empfunden wurden.

Was würde das Geschick des Volkes wenden? Die Pragmatik der Sadduzäer? Der Eifer der Zeloten? Der Rückzug der Essener? Die Frömmigkeit der Pharisäer und des einfachen Volkes? Das Leben in Israel ging weiter seinen gewohnten Gang. Man wartete auf den Messias, doch die Stimme der Propheten war stumm geblieben – seit Jahrhunderten schon.

4. AKT: JESUS

Ouvertüre

Vom vierten Akt der biblischen Erzählung berichten die vier Evangelien. Das Unfassbare geschieht: „Das Wort wurde Fleisch und zeltete unter uns, und wir sahen seine Herrlichkeit“ (Joh 1,14). In Jesus wurde Gott Mensch. Verborgen kam er zur Welt und wuchs in Nazareth auf.

Johannes der Täufer

Eines Tages erschien ein ungewöhnlicher Mann auf der Bildfläche, der Israel zur Umkehr rief: Johannes der Täufer. Er trug einen Kamelhaarmantel und ernährte sich von Heuschrecken und wildem Honig. Nicht wenige fühlten sich durch ihn an die alten Propheten erinnert. Einfach nur Gottes Bundesvolk zu sein, genügte für Johannes nicht, um Israel vor dem bevorstehenden Gericht Gottes zu bewahren. Wer seinem Ruf zur Umkehr folgte, den taufte Johannes im Jordan. Diesen Fluss hatte Israel nach der Wüstenwanderung und nach der Rückkehr aus dem babylonischen Exil durchquert, um ins verheißende Land zu gelangen. Damit machte Johannes deutlich: In naher Zukunft würde das Exil endgültig zu Ende gehen und der Messias erscheinen, dem er den Weg bereiten sollte.

Jesus

Auch Jesus von Nazareth wurde von Johannes getauft. Als er aus dem Wasser kam, öffnete sich der Himmel.

Der Heilige Geist kam auf Jesus herab, und die Stimme des Vaters drückte sein Wohlgefallen aus – ein Hinweis auf die Dreieinigkeit. Anschließend verbrachte Jesus 40 Fastentage in der Wüste und wurde vom Teufel versucht. Anders als Adam und Eva im Garten Eden oder Israel während seiner 40 Jahre in der Wüste (Ps 95,8-11) bestand Jesus diese Prüfung. Danach ließ ihn der Satan für einige Zeit in Ruhe (Lk 4,13).

Einige Nachfolger des Täufers schlossen sich Jesus an. Mit ihnen besuchte er eine Hochzeit, bei der er Wasser in Wein verwandelte und damit das erste Mal von sich reden machte. Dasselbe geschah bei der Tempelreinigung in Jerusalem. Spätestens als Jesus auf der Rückkehr nach Galiläa mitten durch Samaria zog, um das fromme Juden eigentlich einen Bogen machten, wurde klar, dass er sich von den anderen religiösen Führern seiner Zeit unterschied. Die Samariter waren ein unter frommen Juden verhasstes „Mischvolk", das nach der Eroberung des Nordreiches Israel entstanden war. Sie waren die ersten, die Jesus als Messias erkannten.

Nach der Verhaftung Johannes des Täufers begann das öffentliche Wirken Jesu. Er ließ sich in Kapernaum im ländlichen Galiläa nieder, reiste aber auch regelmäßig zu den großen Festen nach Jerusalem. Jesus verkündete: „Der Zeitpunkt ist erfüllt und das Reich (= die Königsherrschaft) Gottes ist da. Ändert euren Sinn und vertraut dieser guten Nachricht!" (Mk 1,15). Er rief Menschen zur Umkehr und berief sie als seine Nachfolger, die er zu einer Gemeinschaft formte, mit der er das Leben teilte. Jesus heilte Kranke, trieb Dämonen aus und vollbrachte weitere Wunder.

Der wahre Feind

Das Volk, das lange auf ein neues Wirken Gottes gewartet hatte, strömte in Massen zu Jesus. Sie erhofften sich, dass Gott nun endlich die Unterdrückung Israels beenden und seine Herrschaft aufrichten würde. All dies geschah auch – allerdings anders als erwartet. Bei einer Predigt in seiner Heimatstadt Nazareth bezog Jesus die Messias-Verheißungen aus Jesaja 61 auf sich und verkündigte das Gnadenjahr Gottes. Die Gerichtsankündigung gegen die Feinde Israels ließ er jedoch unter den Tisch fallen, was seinen Zuhörern gar nicht gefiel (Lk 4,16ff.).

Jesus sah den wahren Feind nicht in den menschlichen Unterdrückern Israels. Als „das wahrhaftige Licht" (Joh 1,9) war er in die Welt gekommen, um den Mächten der Finsternis, die seit dem zweiten Akt ihr Unwesen trieben, das Handwerk zu legen (Mt 16,22f.; Joh 8,39-45) und die Menschen von allem Bösen zu befreien. Vielfacher Widerstand regte sich. Dämonische Mächte, die seine Autorität über sie anerkannten, manifestierten sich in Jesu Gegenwart (Mt 8,29). Auch Pharisäer und Sadduzäer stellten sich gegen ihn.

Viele Volksgenossen Jesu erwarteten, dass der Messias die römische Besatzungsmacht gewaltsam vertreiben würde. Jesus aber forderte seine Nachfolger auf, die Feinde zu lieben, die andere Wange hinzuhalten und die zweite Meile zu gehen (Mt 5,38ff.). Diese führte durch die enge Pforte auf den schmalen Weg hinein in das Reich Gottes. Nicht nur für ihn selbst, sondern auch für seine Nachfolger würde dieser Weg mit Widerstand verbunden sein, doch Jesus forderte sie auf, seinem Beispiel zu folgen und in allem den Willen Gottes zu tun, selbst wenn es sie (ebenfalls) das Leben kosten sollte.

Das Reich Gottes

Das Königreich Gottes erläuterte Jesus gerne in Gleichnissen wie beispielsweise in Matthäus 13: Das Wort vom Reich Gottes wird ausgesät und spricht die Zuhörer einzeln an. Wenn diese Gott ihr Herz öffnen, bringt es reiche Frucht und macht sie zu Kindern des Reiches. Zusammen mit den Kindern des Bösen leben sie in dieser Welt, so wie Unkraut und Weizen auf demselben Acker wachsen. Erst am Ende wird eine Unterscheidung gemacht werden. Klein wie ein Senfkorn beginnt das Reich Gottes, breitet sich aus wie Sauerteig und wird groß wie ein Baum. Es ist so wertvoll, dass es sich lohnt, alles andere dafür aufzugeben.

Das Reich Gottes ist der Herrschaftsbereich Gottes, des Königs. Sein Wille gilt. Wer der Botschaft Jesu vertraut, wird Teil dieses Reiches, dessen Mittelpunkt Jesus selbst ist. Wer zu ihm gehört, gehört zum Reich Gottes. Was Jesus sagte, was er tat und wie er lebte, kann nicht voneinander getrennt werden. (Im Johannesevangelium lässt sich das an der Wechselwirkung zwischen Jesu „Ich bin"-Worten und seinen Zeichenhandlungen studieren.) Jesus selbst ist die Botschaft, das Wort Gottes. In seinem Leben leuchtet das Reich Gottes auf. Indem er Kranke heilt, Besessene befreit, Sündern vergibt und mit Ausgestoßenen zusammen isst, stellt er die gute Schöpfungsordnung Gottes und die Würde der Menschen wieder her. Auch in der

Brotvermehrung, dem Gang auf dem Wasser, in der Stillung des Sturmes und in Totenauferweckungen zeigt sich Jesu Vollmacht. Wer wissen will, wer Jesus ist, der braucht ihm nur zuzuhören und vor allem zuzusehen und sollte daraus die richtigen Schlüsse ziehen (Lk 7,20ff.).

Weil vieles im Leben von Menschen der Herrschaft Gottes entgegensteht, nennt Jesus verschiedenen Gesprächspartnern unterschiedliche Zugangsbedingungen zum Reich Gottes. Alle aber sollen umkehren, wie ein Kind neu geboren werden (Joh 3,3ff.) und ihr Leben ganz Jesus und seiner Sache widmen. Im Reich Gottes leben Menschen nach der Lehre Jesu und seiner Auslegung der Thora, die zum Beispiel in der Bergpredigt (Mt 5-7) zusammengefasst ist. Das Leben ihres Meisters ist das Vorbild und der Maßstab seiner Schüler, dem sie immer mehr entsprechen sollen (Mt 10,25).

Jesus und der Wille Gottes

Jesus brachte dem Volk Gottes den Willen Gottes nahe, damit es wieder in Harmonie mit diesem leben und zum Licht in der Welt werden konnte.

Jesus kritisierte die selbstsüchtige Heuchelei der Pharisäer und Schriftgelehrten, die viele verschiedene Einzelvorschriften entwickelt hatten, um sich an die Thora zu halten, und dabei den Kern des Willens Gottes verfehlten (Mt 23). In Einklang mit dem Alten Testament (Deut 30,6-10; Jer 31,11; 32,38-40; Hes 36,26f.) kam für Jesus die wahre Frömmigkeit aus dem erneuerten menschlichen Herzen. Ein solches Herz zeigt der Zöllner Zachäus (Lk 19) oder der jüngere Sohn im

Gleichnis vom barmherzigen Vater (Lk 15), dessen älterer Bruder die Haltung der Pharisäer verkörpert.

Vor langer Zeit hatte Mose einen Propheten wie sich selbst angekündigt, auf den Israel hören sollte (Deut 18,15). Diese Prophezeiung wurde in Jesus erfüllt: „Das Gesetz ist durch Mose gegeben, die Gnade und Wahrheit ist durch den Messias Jesus geworden" (Joh 1,17). Jesus brachte den neuen Bund Gottes und er selbst ist die neue Thora, die Richtschnur für das menschliche Handeln, an der sich seine Nachfolger ausrichten sollen. Er verkündete ihnen den wahren Willen Gottes und brachte ihnen die Worte, die ihm der Vater gegeben hatte (Joh 8,28.38).

Gottes Gebote sind für Jesus Weisungen zu einem gelingenden Leben, die dem Wohl der Menschen dienen. Im Doppelgebot der Liebe zu Gott und den Nächsten erkannte Jesus ihren Kern (Mt 22,37ff.). Darum lehrte er seine Nachfolger, auf die gute Idee Gottes hinter dem Wortsinn der einzelnen Anweisungen zu schauen, wie man an den Antithesen der Bergpredigt sehen kann (Mt 5,21ff.).

Jesus knüpfte bewusst an Motive des Alten Testamentes an (z. B. in Joh 1,21 und Gen 28,12). In der Einsetzung von zwölf Aposteln als seine autorisierten Botschafter machte er deutlich, dass das ganze Gottesvolk wiederhergestellt werden sollte. Dessen zwölf Stämme waren seit der Reichsteilung unter Salomos Sohn Rehabeam getrennt und nach dem Exil zerstreut worden. Gott hatte versprochen, dass er als Hirte seine verstreuten Schafe wieder sammeln würde (Hes 34). Indem Jesus sich selbst als den guten Hirten bezeichnete (Joh 10), bezog er diese Rolle auf sich (Ps 23). Dabei sah er auch Platz für „Schafe aus einem anderen Stall“ (Joh 10,16): Menschen aus allen Nationen (Mk 11,17; Mt 28,19), aus allen Himmelsrichtungen kommend, die mit Abraham, Isaak und Jakob im Himmelreich zu Tisch sitzen werden (Mt 8,11). Darauf weist auch die Tatsache hin, dass Jesus nicht nur die zwölf Apostel aussandte (Lk 9,1-7), sondern etwas später eine weitere Gruppe von (je nach Textmanuskript) 70 oder 72 Jüngern (Lk 10,1-16) – eine Zahl, die symbolisch für die ganze Völkerwelt stand.

Der Prophet Jesaja hatte von Israel als einem Weinberg gesprochen, der keine Frucht brachte (Jes 5). Im Gleichnis Jesu (Mk 12,1-11) sind die Pächter des Weinbergs nur auf ihren eigenen Vorteil aus (wie die Mietlinge in Joh 10,8, die vor dem guten Hirten kamen) und töten den Sohn des Besitzers. Letzterer lässt die Pächter umbringen und gibt den Weinberg anderen. Jesus sagte hier nicht nur seinen gewaltsamen Tod voraus, sondern auch, dass Gott zwar an seinem Volk festhielt, aber nicht an dessen Führungsschicht. In Johannes 15 nannte sich Jesus selbst den wahren Weinstock und machte klar, dass das wahre Gottesvolk aus seinen Nachfolgern bestand, die als Reben in ihm blieben und seine Gebote hielten. Wo sie sich in seinem Namen versammelten, würde Jesus mitten unter ihnen sein (Mt 18,20). Damit verlor der Tempel in Jerusalem seine Bedeutung als Ort der Begegnung mit Gott, denn die Menschen konnten jetzt an allen Orten zu Gott kommen.

Jesus und Gott

Jesus nannte Gott seinen Vater (z. B. in Mt 10,32). Als Sohn Gottes wurden zwar auch die Könige Israels im Alten Testament bezeichnet (Ps 2,7; 89,27ff.; 2 Sam 7,14), aber Jesus sprach Gott auf bis dahin noch recht unbekannte Weise als „Abba" an (Mk 14,36). Außerdem nannte er sich „Menschensohn" und griff damit auf eine Figur des Propheten Daniel zurück (Dan 7,13f.), in der auch viele Israeliten den Messias sahen. Jesus bestätigte, dass er dieser Messias sei (Joh 4,25f.; Mt 16,16f.; Mt 26,36f.). In ihm würde sich das lange verheißene Schicksal Israels erfüllen.

Jesus ging sogar noch einen Schritt weiter: Er setzte das, was er tat, mit dem Handeln und dem Willen Gottes gleich (Lk 15; Joh 5,19). Er beanspruchte eine Rolle, die nur Gott zukam und über einen menschlichen Messias hinausging – so zum Beispiel, als er von sich selbst als dem Richter sprach (Joh 5,22.27) oder sein Fleisch die wahre Speise und sein Blut das wahre Getränk nannte (Joh 6,55). In seinen berühmten „Ich bin"-Worten (Joh 6,35; 8,12; 10,7.11; 11,25; 14,6; 15,1) klingt das „Ich bin, der ich bin" nach, das Gott vor langer Zeit zu Mose gesagt hatte (Ex 3,14). Nehmen wir die beiden Aussagen Jesu „Bevor Abraham wurde, bin ich" (Joh 8,58) und „Ich und der Vater sind eins" (Joh 10,30) hinzu, wird deutlich, dass Jesus den Menschen klarzumachen versuchte, dass mit ihm Gott selbst in ihre Mitte gekommen war. Als „der Einziggeborene, der Gott ist" (Joh 1,18), zeigte er uns das Wesen Gottes. Jesus ist somit das wahre Ebenbild Gottes (Kol 1,15).

Wendezeit

Kehren wir zur Erzählung der Evangelien zurück. Ein großer Teil des öffentlichen Wirkens Jesu spielte sich ab, während Johannes der Täufer im Gefängnis war. Die Nachricht von seiner Hinrichtung trifft Jesus hart. Er will sich zurückziehen, aber das Volk, das in Johannes einen wichtigen Führer verloren hat, strömt zu Jesus. Nach der Speisung der Fünftausend will ihn die Menge zum König machen, doch Jesus entwischt. Er betet allein auf einem Berg. Mitten in der Nacht kommt er über das Wasser zu den Jüngern, die im Boot über den See Genezareth fahren. Am nächsten Tag hält er die Brotrede aus Johannes 6, nach der sich viele von ihm abwenden. Die 12 Jünger halten zu ihm. Auf seine Frage, für wen sie ihn halten, spricht Petrus es aus: Du bist der Messias!

Jesus ist ein anderer Messias, als Petrus ihn sich vorstellt. Er kündigt seinen Jüngern an: Ich werde nach Jerusalem gehen, dort leiden und umgebracht werden. Doch es kommt noch dicker: Jesus ruft alle, die ihm nachfolgen wollen, dazu auf, ihr Kreuz auf sich zu nehmen und sich täglich zu verleugnen. Wer sein Leben um meinetwillen verliert, sagt Jesus, der wird es gewinnen.

Vor der kommenden Erniedrigung Jesu erhaschen die Jünger in seiner Verklärung noch einen Blick auf seine Herrlichkeit. Mit Mose und Elia wird Jesus symbolisch vom Gesetz und den Propheten bestätigt. Die Stimme des Vaters unterstreicht das und ruft die Schüler dazu auf, auf ihren Meister zu hören. Anschließend bricht Jesus zum letzten Mal nach Jerusalem auf. Alles, was er tut, ist auf sein kommendes Ende ausgerichtet.

Er vollbringt nur noch wenige Zeichen und Wunder. Sie hatten wohl einen Teil ihrer Funktion erfüllt, als die Jünger in ihm den Messias erkannt hatten.

Jesus und das Gericht Gottes

Durch Jesus rief Gott Israel ein letztes Mal zur Umkehr vom Irrweg auf, das Reich Gottes auf menschlichem Wege (wahlweise durch politische Anstrengung, äußerliche Frömmigkeit oder gewaltsamen Umsturz) verwirklichen zu können. Jesus forderte zum Vertrauen auf Gottes neuen Weg in ihm und zur Feindesliebe auf. Würde das Volk nicht auf Jesus hören, hätte das dramatische Konsequenzen für die damalige Generation (Mt 12,45): Das ganze Volk würde einstürzen wie ein auf Sand gebautes Haus (Mt 7,26f.; vgl. z. B. Mk 12,9; Lk 13,1-9; 19,27). Die Feinde Israels würden Jerusalem belagern und dem Erdboden gleich machen (Lk 19,43f.).

Etwa 40 Jahre später traf diese Gerichtsankündigung auf schreckliche Art und Weise ein: Das römische Heer schlug einen jüdischen Aufstand brutal nieder, zerstörte Jerusalem und steckte den Tempel in Brand. Wie Jesus am Feigenbaum hatte Gott in Israel Frucht gesucht und nicht gefunden (Mt 21,19; Lk 13,6-9). Viele Propheten hatte Gott seinem Volk gesandt, zuletzt seinen eigenen Sohn, doch auch dieser wurde von ihnen verworfen. Was geschehen wäre, wenn ganz Israel die Botschaft Jesu angenommen hätte, lässt sich aus heutiger Sicht nicht beantworten.

Die letzte Woche Jesu

Nach der Auferweckung von Lazarus (Joh 11) wurde der Widerstand gegen Jesus immer stärker; es fiel der Entschluss, ihn umzubringen (Joh 11,47-57). In Anlehnung an eine messianische Weissagung Sacharjas (Sach 9,9) zog Jesus als Erbe des Königs David in Jerusalem ein, wurde vom Volk als Messias gefeiert und lehrte täglich im Tempel – der Höhepunkt seiner Popularität (Lk 19,47f.). Pharisäer, Sadduzäer und Schriftgelehrte scheiterten daran, seine Lehrautorität zu untergraben (Mt 21,23-22,46). Jesus kritisierte die Pharisäer und Schriftgelehrten hart dafür, sich dem Willen Gottes entgegengestellt zu haben. Er klagte Jerusalem an, nicht auf die Boten Gottes gehört zu haben, sodass nun das Gericht kommen musste (Mt 23). Jesus beschrieb den nahe bevorstehenden Untergang Jerusalems und ermahnte seine Nachfolger zur Wachsamkeit (Mt 24f.).

Mit seinen Jüngern feierte Jesus das Passamahl und kündigte erneut sein Sterben an. Dieses Mal fügte er hinzu, dass in seinem Blut der neue Bund geschlossen werden würde (Lk 22,19f.). Sein Blut würde wie das Blut der Passalämmer das Gericht Gottes absorbieren. Sein Tod würde seine Nachfolger von ihren Sünden frei machen und die neue Bundesgemeinschaft schaffen. Jesus gab sein Leben als Lösegeld für viele (Mk 10,45). Damit nahm er eine Weissagung Jesajas auf, der vom stellvertretenden Leiden eines besonderen Gottesdieners gesprochen hatte (Jes 52,13;53,12). Befreit von Sünde und Unterdrückung durch widergöttliche Mächte würde Gottes Volk als neue Gemeinschaft unter Gottes Herrschaft leben und den Willen Gottes tun können.

Zur Erinnerung an diese letzte Mahlzeit, die Jesus mit seinen Jüngern teilte, und zur Vergegenwärtigung seines Sterbens, setzte Jesus das Abendmahl ein. Wenn wir es feiern, blicken wir voraus auf das verheißene Festmahl am Ende der Zeit (Jes 25,6ff.) und erleben schon im Hier und Jetzt eine mit Gott und den Mitmenschen versöhnte Gemeinschaft.

Jesus ging bewusst in den Tod. Er betonte, dass ihm niemand sein Leben wegnehmen, sondern dass er selbst es, von sich aus, hingeben würde (Joh 10,17f.). Die Juden verurteilten ihn als Gotteslästerer und Verführer des Volkes (vgl. Deut 13). Als Rebell gegen Rom wurde er gekreuzigt. Der eigentliche Grund für seinen Tod war aber ein anderer: Er hielt ihn für seine Berufung und den Willen des Vaters.

ZWISCHENSPIEL III: DER TOD JESU

Das Leiden Gottes

Obwohl Jesus sein Leben hingab, fiel ihm der letzte Schritt extrem schwer. Im Gebet rang er so intensiv mit dem Tod, dass sein Schweiß wie Blut auf die Erde tropfte (Lk 22,44). Am Ende ergab er sich in sein Schicksal und in den Willen des Vaters. Er litt „willig und tat seinen Mund nicht auf wie ein Lamm, das zur Schlachtbank geführt wird" (Jes 53,7). Nach der Marter der Geißelung wurde er ans Kreuz geschlagen und starb den Tod eines Verfluchten (Gal 3,13). Die Tiefe seines Leidens klingt nach im Schrei vom Kreuz: „Mein Gott, mein Gott, warum hast du mich verlassen?" (Mt 27,46).

Seit der Schöpfung hatte Gott sich immer wieder klein gemacht. Er schuf Raum für seine Schöpfung. Er ging den langen, schweren Weg mit Israel. Er ließ sich von unvollkommenen Menschen repräsentieren. Er sandte seinem Volk immer wieder seine Boten, streckte den ganzen Tag seine Hände aus (Jes 65,2) und traf beständig auf Ablehnung (Hes 16). Wie viel zärtliche Liebe und welch tiefer Schmerz steckt in den Worten Jesu aus Lukas 13,34: „Jerusalem, Jerusalem, die du tötest die Propheten und steinigst, die zu dir gesandt werden, wie oft habe ich deine Kinder versammeln wollen wie eine Henne ihre Küken unter ihre Flügel und ihr habt nicht gewollt!" Die Liebe, die hinter diesem Schmerz verborgen ist, treibt Jesus ans Kreuz. Um seines Volkes und um seiner Schöpfung willen ergibt sich der Sohn in den Willen des Vaters und nimmt den Foltertod auf sich, indem er „für uns zur Sünde wurde“ (2 Kor 5,21). Die Verlassenheit vom Vater, die Jesus in diesen schrecklichen Stunden erlebte, mag wohl das Schlimmste für ihn gewesen sein.

Wie aber erging es dem Vater? Auch der Vater hat am Kreuz gelitten, vielleicht schrecklicher noch als der Sohn. Das Herz des Vaters zerreißt in unendlichem Schmerz, als er den Tod des Sohnes erleidet. Seit Golgatha weiß Gott, was es bedeutet, ein Kind zu verlieren. Es gibt kein Leid, das Gott nicht verstehen könnte, denn die Dreieinigkeit hat selbst das größte vorstellbare Leid erlitten. Dieser Schmerz bleibt nicht ohne Folgen. Für immer wird Jesus der auferstandene Gekreuzigte bleiben. Als er später den Jüngern begegnet, trägt er die Narben von Golgatha noch an seinem Auferstehungsleib (Joh 20,27). Auch Johannes sah Jesus in einer Vision als Lamm, „wie geschlachtet“ (Offb 5,6). Was zwischen Vater, Sohn und Geist auf Golgatha geschah, lässt sich nicht verstehen. Wir können nur staunend anbeten. Eines scheint klar: Seit Golgatha ist Gott nicht mehr derselbe.

Ein tiefer Zauber

Doch warum Golgatha? Warum das Kreuz? Warum so viel Leid, so viel Schmerz? Hätte Gott nicht einen anderen Weg finden können? Mir scheint, dass die Bibel weniger nach dem Warum des Kreuzes fragt, als vielmehr nach dem Wozu. Also nicht: Warum starb Jesus?, sondern: Wozu starb Jesus? Oder noch besser: Was ist anders, seit Jesus starb (und auferstand)?

Die verschiedenen Autoren der biblischen Bücher finden viele Bilder und Deutungsmuster. Auch wenn uns einige heute fremd erscheinen, bleiben sie dennoch wichtig. Um mit C. S. Lewis zu sprechen: Da war ein tiefer Zauber, der durch Jesus wirkte. Warum das so war, ist zweitrangig. Dass es so war, macht mich froh.

Jesus wurde eins mit uns. Als wahres Ebenbild Gottes lebte er menschliches Leben so, wie Gott es sich gedacht hatte. Jesu Liebe zu Gott, sich selbst, seinen Mitmenschen und der Schöpfung war vollkommen. Auf Golgatha stirbt Jesus mit uns, an unserer Stelle und für uns. Er nahm die Strafe des Gerichtes Gottes auf sich, „auf dass wir Frieden hätten" (Jes 53,5). Weil Jesus unseren Tod starb, ist für uns eine „Quelle gegen Sünde" geöffnet (Sach 13,1), und wir werden mit Gott versöhnt (Röm 5,10). Das Blut des Passalammes Jesus bedeckt uns, der Engel des Gerichts geht vorüber und Jesus führt uns in die Freiheit. Nicht aus Ägypten, sondern aus der Knechtschaft der Vergänglichkeit, aus Gewalt, Sünde und Tod.

Das Kreuz ist der Wendepunkt der biblischen Erzählung. In Jesus entscheidet sich das Schicksal der ganzen Schöpfung. Das Kreuz ist die Basis für unsere Rechtfertigung, Erlösung, Versöhnung, Reinigung, Befreiung und Neuschöpfung. Es ist wahrlich ein tiefer Zauber, der hier wirkt: Die Mächte des Bösen werden besiegt und der Tod zerstört. Die Mauer der Trennung wird abgerissen, die zwischen Menschen und Gott, ihren Mitmenschen, sich selbst und der Schöpfung sowie zwischen Juden und Nichtjuden stand. Hier liegt das Fundament für die Heilung und Versöhnung der ganzen Schöpfung.

5. AKT: DIE NEUE SCHÖPFUNG

Auferstehung und Himmelfahrt

Der fünfte und letzte Akt des biblischen Dramas beginnt mit einem Paukenschlag: der Auferstehung Jesu. Seit Ostern ist alles anders. Der tiefe Zauber wirkt; die Macht von Sünde, Tod und Teufel ist endgültig gebrochen. Wir spüren zwar noch ihr Wirken, doch führen sie nur noch Rückzugsgefechte. Seit Ostern hält Jesus den Schlüssel des Totenreiches in seiner Hand. Er ist der Sieger, der Überwinder. Der Gekreuzigte ist auferstanden! Was an Karfreitag nach einer schlimmen Niederlage aussah, verwandelt sich am Ostersonntag in einen strahlenden Sieg. Seit der Auferstehung Jesu wissen wir: Gott hat sich zu ihm gestellt, seine Botschaft und sein Wirken beglaubigt und ihn als König und Herrscher eingesetzt.

Wie Gott einst dem Menschen „den Odem des Lebens" in seine Nase geblasen und ihn damit zu einem „lebendigen Wesen" gemacht hat (Gen 2,7), so hauchte Jesus seinen Jüngern den Heiligen Geist ein und begann damit die *neue* Schöpfung (Joh 20,22; 2 Kor 5,15-17). Jesus ermächtigte seine Jünger, anderen die Sünden zu vergeben, und sandte sie als seine Nachfolger an seiner Stelle in die Welt, um die frohe Botschaft zu verkünden und seinen Auftrag weiterzuführen (Joh 20,21.23). Alle Nationen sollen zu Jüngern Jesu werden und so leben, wie Jesus es gelehrt hatte (Mt 28,19f).

40 Tage nach seiner Auferstehung fuhr Jesus in den Himmel auf (Lk 24,51; Apg 1,9). In ihm, dem wahren König, wurden die Versprechen Gottes erfüllt: Jesus, der Nachkomme Abrahams, wurde allen Nationen zum Segen. Jesus, der Prophet wie Mose, führt die Menschheit aus der Gefangenschaft unter Sünde, Tod und Teufel heraus. Jesus, der Nachkomme Davids, sitzt auf dem ewigen Thron zur Rechten des Vaters.

Pfingsten

Von dort läutet Jesus die zweite Szene des fünften Aktes ein: das Pfingstfest. Der Heilige Geist erfüllt die ganze Gemeinschaft der Nachfolger Jesu. Wie am Sinai das Volk Israel geboren wurde, so entsteht an Pfingsten die Kirche. Als erstes Zeichen der neuen Wirklichkeit hören Menschen aus aller Herren Länder die Apostel in ihrer eigenen Sprache die Taten Gottes verkündigen. Die Verwirrung der Sprachen, die beim Turmbau zu Babel geschah, wird aufgehoben. Im Körper des Messias (oder des Leibes Christi) ist auch Platz für Nichtjuden, die einst als Fremde von den Verheißungen Gottes ausgeschlossen waren (Eph 2,11-22). In der Gemeinde Jesu, die aus allen Nationen besteht, spielen Herkunft, Geschlecht oder Nationalität keine Rolle: „wir sind alle durch einen Geist zu einem Leib getauft“ (1 Kor 12,13; Gal 3,28). Das Wirken des Heiligen Geistes formt über alle Grenzen hinweg durch Jesus eine neue Gemeinschaft. Durch das Pfingstwunder wird die Fremdheit zwischen den Menschen überwunden und die von Gott ersehnte harmonische Einheit wiederhergestellt.

Die Kraft des Heiligen Geistes befähigt die Nachfolger Jesu dazu, seine Zeugen zu sein (Apg 1,8). Die Apostelgeschichte berichtet, wie sich die Botschaft vom auferweckten Messias in der ganzen bekannten Welt ausbreitet. Überall antworten Menschen mit Umkehr und Glaube, werden Teil des Bundesvolkes Gottes und stellen ihr Leben in den Dienst des wahren Königs Jesus. Mitten im römischen Reich, vor den Augen des Kaisers, nimmt in der Kirche die Herrschaft Jesu Gestalt an und verändert einzelne Menschen, Familien und Beziehungsnetzwerke.

Die Heilung hat begonnen

In der Gemeinde, dem Gottesvolk des neuen Bundes, wird Gottes Plan verwirklicht: Eine harmonische Einheit-in-Gemeinschaft. Durch den tiefen Zauber, der durch Kreuz und Auferstehung Jesu in Kraft wirksam wurde, wurde Vergebung von Schuld und ein neues Leben möglich. Die durch Jesus gerecht gewordenen Menschen sind mit Gott versöhnt (Röm 5,1). Der Heilige Geist wohnt in ihnen und schreibt den Willen Gottes in ihr Herz, sodass sie ihn aus eigener Überzeugung tun und nicht, weil sie sich an ein Gesetz halten müssen. Außerdem macht sie der Heilige Geist Jesus immer ähnlicher – ein durchaus schmerzhafter Prozess des Ablegens von alten und des Anziehens von neuen Gewohnheiten, Verhaltensweisen, Denkmustern, Einstellungen, Charaktereigenschaften et cetera. Dies ist der Weg zur Versöhnung mit uns selbst, da wir wieder unseren Selbstwert als gut geschaffene, gerecht gemachte und vielfältig begabte Kinder des himmlischen Vaters erkennen. Dasselbe gilt für unsere Mitmenschen, denen wir im Abendmahl auf Augenhöhe begegnen und die zu lieben und denen zu vergeben das Wirken des Heiligen Geistes in uns ermöglicht. So werden Menschen wieder miteinander versöhnt. Der verantwortliche Umgang mit Gottes guter Schöpfung ist ein weiter Schritt der Wiederherstellung. Damit nimmt die Heilung der im zweiten Akt geschlagenen Wunde beständig zu.

Gottes Wirken im neuen Bund lässt sich auch durch die Bilder des Buches Exodus betrachten: Statt des Blutes des Passalammes wurde das Blut Jesu vergossen. Statt aus Ägypten werden wir aus der Gefangenschaft der Sünde erlöst. Statt durch das Rote Meer gehen wir durch das Wasser der Taufe. Statt auf steinerne Gesetzestafeln schreibt Gott seinen Willen durch seinen Geist in unser Herz. Statt von Wachteln und Manna leben wir von Jesus, was im Abendmahl deutlich wird. Auch wir haben hier keine bleibende Stadt, sondern suchen die zukünftige (Hebr 13,14). Statt der Wolken- und Feuersäule folgen wir der Leitung des Heiligen Geistes. Statt des Landes Kanaan ist das himmlische Jerusalem das Ziel unserer Reise.

Das vorläufige Ende

Am Ende des Berichtes der Apostelgeschichte sind Paulus und das Evangelium in Rom angekommen. Im damaligen Zentrum der Macht wirkt Gott leise und baut sein Reich. Die Briefe des Neuen Testamentes befassen sich mit spezifischen Gemeindeproblemen der damaligen Zeit sowie mit Grundfragen des christlichen Glaubens und der Nachfolge Jesu. Am Zielpunkt der Apostelgeschichte endet auch die Erzählung der biblischen Geschichte. Was bleibt, ist ein Ausblick, eine Schau auf die Zukunft.

EPILOG

Inmitten der biblischen Bücher findet sich eine Tiefenschicht prophetischer Verheißungen. Viele davon wurden bereits erfüllt. Die Wunde des zweiten Aktes hat zu heilen begonnen.

Trotzdem: Noch immer wüten die Mächte des Bösen. Weiterhin sterben Menschen. Noch immer stöhnt die Schöpfung. Neben allem Schönen erfahren wir auch vieles Schmerzhafte. Auch erlöste und vor Gott gerechte Menschen, die nach der Führung des Heiligen Geistes suchen, scheitern immer wieder kläglich, fügen sich und anderen Leid zu. Zu selten ist die Kirche das Licht der Welt, in dem gelingendes Leben im Sinne Gottes erfahren werden kann. Ja, wir erfahren Vergebung, wir erfahren punktuell innere und äußere Heilung, dennoch eitert die schreckliche Wunde des zweiten Aktes noch. Der Stachel steckt tief. Wir sind noch nicht am endgültigen Ziel des Weges Gottes mit seiner Schöpfung angekommen. Einige Verheißungen stehen noch aus – das Beste kommt noch.

Im Zentrum steht das Versprechen, dass Gott einmal alles neu machen wird (z. B. Jes 65; 1 Kor 15; Offb 21f.). Krankheit, Leid, Schmerzen und Tränen werden dann Schatten einer längst vergangenen Zeit sein. Sünde, Tod und Teufel werden endgültig entmachtet sein und nicht mehr ihr Unwesen treiben können. Schalom, der tiefe, harmonische Friede Gottes wird alles umfassen und erfüllen. Die versöhnte Gemeinschaft, die Menschen miteinander und mit Gott haben werden, wird vollkommen sein. Wir werden Gott nahe sein und sein Angesicht sehen. Unser vergänglicher Körper wird in einen herrlichen Auferstehungsleib übergehen, den nichts mehr plagen wird. Unsere ganze Person wird heil sein. Auch das Stöhnen der Schöpfung wird ein Ende haben: Die Tiere werden einander keinen Schaden mehr zufügen und vom Thron Gottes wird ein Strom des Lebens fließen, an dessen Ufern Bäume wachsen, deren Blätter zur Heilung der Völker dienen.

Jedes Bündnis, das Gott mit den Menschen geschlossen hat, wird erfüllt sein: Der Bund mit Noah in der vollendeten Schöpfung. Der Bund mit Abraham im Segen auf allen Nationen. Der Bund mit Mose im neuen Volk Gottes, in dessen Mitte Gott selbst wohnt. Der Bund mit David im neuen Jerusalem, in dem Jesus als Nachkomme Davids auf dem Thron sitzen wird. Dies alles wird der neue Bund durch Jesus ermöglicht haben.

Wenn dann Menschen mit sich selbst, miteinander, mit der Schöpfung und mit Gott versöhnt sind, wird die alte Wunde endgültig verheilt und die Neuschöpfung abgeschlossen sein. Die ganze Schöpfung wird von dem erfüllt sein, was sich durch Gottes Dreieinigkeit zwischen Vater, Sohn und Geist schon immer ausgezeichnet hat: durch „Einheit und Gemeinschaft in Liebe". Und dann wird Gott „sein alles in allem" (1 Kor 15,28).

NACHKLANG

Rückschau

Schauen wir zurück auf die Geschichte, die uns die Bibel erzählt. Sie handelt davon, wie Gott Vielfalt schafft, die zur Entfremdung kommt und in Jesus wieder zur Einheit findet. Über allem steht Gottes Ziel: eine Gemeinschaft, die miteinander und mit Gott versöhnt ist und zum Wohl ihrer Mitmenschen und der Schöpfung den Willen Gottes lebt. Durch die Katastrophe im zweiten Akt wurde die Harmonie des Menschen mit sich selbst, mit seinen Mitmenschen, mit Gott und mit der Schöpfung zerstört. Sünde, Tod und Teufel drangen in die Welt ein und stifteten Unheil.

Gott startete mit Israel einen langwierigen Neuanfang. Aus der Beziehung zu Gott heraus sollte dieses Volk ein Licht für die Nationen sein. Weil aber der Stachel der Sünde und die Entfremdung zu tief in die Menschen eingedrungen war, konnte Israel den Willen Gottes nicht aus eigener Kraft verwirklichen. So blieb Gott nur das letzte Mittel: Eine Operation am offenen Herzen der Menschen. Ein Organspender war nötig – und Jesus stellte sich ganz zur Verfügung. In ihm offenbarte sich Gott auf vollkommene Art und Weise. Jesus brach die Macht von Sünde, Tod und Teufel und ermöglichte eine umfassende Versöhnung des Menschen mit Gott.

Wer sich auf Gottes Operationstisch begibt, wird immer wieder ein Stück Heilung erfahren. Mit dem Heiligen Geist im Herzen wird die Sünde entkräftet.

Zerbrochene und schuldbeladene Menschen versöhnt Gott mit sich selbst, verwandelt sie in das Vorbild Jesu und verbindet sie durch seinen Geist zu einer neuen Gemeinschaft. Durch die Begabungen, die der Heilige Geist ihnen schenkt, helfen sie mit beim Aufbau der Gemeinde, damit diese immer reifer werden und als Körper des Messias ihren Herrn und König Jesus repräsentieren kann, der in ihr gegenwärtig ist. Sie dient dem Bau des Reiches Gottes so lange, bis Jesus wiederkommen und Gott selbst sein Reich vollenden wird.

Improvisation

Wir selbst befinden uns *mitten im fünften Akt* des biblischen Dramas, in dem leider einige Szenen fehlen. Nach dem Ende der Apostelgeschichte wird ein großer Zeitraum übersprungen, bevor das Finale beschrieben wird. Das stellt uns vor einige Herausforderungen. Wir wissen vieles über das Volk Gottes im Alten Bund und so manches über die ersten Christen. Doch nirgendwo steht geschrieben, wie genau Nachfolge Jesu und Gemeinde zu anderen Zeiten und an anderen Orten aussehen sollte.

Wenn ein Theaterstück die ersten vier Akte komplett, aber nur den Anfang und den Schluss des fünften Aktes enthalten würde, müssten sich die Schauspieler in die Entwicklung ihrer Figuren hineindenken. Sie würden sich an den vorhandenen Szenen orientieren und den fehlenden Teil so improvisieren, dass die Handlung automatisch zum beabsichtigten Ende führt. Genau das ist unsere Aufgabe.

Um zu verstehen, was es bedeutet, das Volk Gottes im fünften Akt zu sein, müssen wir beständig über die ersten vier Akte nachdenken, um ihre Auswirkungen zu begreifen. Gott selbst, der die Geschichte verfasst hat und sie auf geheimnisvolle Weise weiterlenkt, übernimmt die Gewähr für das positive Ende. Sein Geist wohnt in uns und inspiriert uns, die Geschichte Gottes mit dem Menschen besser zu verstehen und unsere Rolle richtig zu interpretieren. Gleichzeitig verändert und befähigt er uns, damit wir unserer Aufgabe gerecht werden. Das wird nicht immer so aussehen und in derselben Weise gelingen wie bei unseren Vorgängern, aber es sollte mit einer ähnlichen Haltung in der Kraft und Inspiration desselben Geistes geschehen.

Übrigens sehen wir hier den Grund für die Vielfalt der Konfessionen und Kirchen: Sie alle improvisieren den fünften Akt auf ihre eigene Weise. Wie treu sie dabei am erhaltenen Manuskript bleiben, hat Gott als Autor und Regisseur zu entscheiden.

Vierfache Versöhnung

Jesus, unser König, Messias und Herr, sendet uns aus, die Erlösung durch ihn zu bezeugen und sein Reich zu verkörpern. Dieses Reich und Gottes Wirken in der Welt schließen alle Bereiche des persönlichen, öffentlichen, sozialen, gesellschaftlichen, kulturellen, geistigen, geistlichen und politischen Lebens mit ein. Wir dürfen alles unterstützen, was Spuren des Versöhnungs- und Wiederherstellungswerkes Gottes trägt. Weil dieses Werk so vielfältig ist, sollten wir uns (als Einzelne und als Kirche) beständig dem Wirken des

Heiligen Geistes öffnen und uns von ihm aufzeigen lassen, wer was zu tun hat. In einem Leib mit vielen Gliedern sind nicht alle immer für alles zuständig. Unser Handeln wird sich aber stets an den vier Ebenen orientieren: Menschen zu versöhnen mit sich selbst, miteinander, mit Gott und mit der Schöpfung. Jede dieser Ebenen ist wichtig. Sie sollten nicht gegeneinander ausgespielt werden.

Wir rufen Menschen zur Umkehr und zur Versöhnung mit Gott. Dazu gehört Erneuerung und Heiligung, Wachstum in der Nachfolge Jesu und das Aufgeben unserer eigenen Vorstellungen, die den Gedanken Gottes entgegenstehen. Das Ziel ist, dass wir immer mehr nach Gottes Willen leben und in das Ebenbild Jesu umgestaltet werden.

Wir helfen Menschen bei der Versöhnung mit sich selbst. Das schließt die Selbstannahme als gelungenes Geschöpf Gottes und die Versöhnung mit der eigenen Person – mit Körper, Gaben, Biographie, Gefühlen, Persönlichkeit, Berufung ... – mit ein.

Die Versöhnung von Menschen mit ihren Mitmenschen umfasst ein weites Feld. In der Gemeinde streben wir nach Einheit trotz unserer vielfältigen Verschiedenheit. Alles soll geprägt sein von der sich selbst verschenkenden Liebe Jesu, sodass unsere Gemeinschaft zum Ebenbild der Dreieinigkeit wird. Für Jesus war der Umgang der Gläubigen untereinander das entscheidende Erkennungsmerkmal seiner Nachfolger (Joh 13,35). Gemeinsam soll die Gemeinde Jesu Körper in der Welt sein, ihn repräsentieren und in Einheit miteinander und mit Gott zum Wohl ihrer

Mitmenschen und der Schöpfung den Willen Gottes leben.

Darüber hinaus setzen wir uns lokal, national und global für mehr Gerechtigkeit ein. Wenn Menschen nicht von anderen Menschen benachteiligt, ausgebeutet oder unterdrückt werden, sondern jedem überall ein menschenwürdiges Leben ermöglicht wird, dann wird ein Stück von Gottes neuer Welt sichtbar, in der Menschen aus allen Nationen und Kulturkreisen einander hoch achten und bereichern werden (Offb 5,9; 21,26).

Wir setzen uns für die Versöhnung mit der Schöpfung ein. Es ist unser Auftrag, die Erde zu bebauen und zu bewahren. Stattdessen wurde die Umwelt verschmutzt, die Erde ausgebeutet und Tiere gequält. Die Schöpfung leidet (Röm 8,19). Darum engagieren wir uns für den verantwortungsvollen Umgang mit natürlichen Ressourcen, für Klimaschutz, artgerechte Tierhaltung, bewussten Konsum et cetera.

Wozu wir hier sind

Es ist die Aufgabe der Gemeinde, sich unter der Leitung des Heiligen Geistes dafür einzusetzen, dass eine versöhnte Gemeinschaft entsteht, die in Einheit mit Gott zum Wohl ihrer Mitmenschen und der Schöpfung den Willen Gottes lebt. Wie Gott im konkreten Menschen Jesus Fleisch wurde, so sollte die Gemeinde als Körper Jesu jeweils die Gestalt annehmen, die ihrer Situation und ihrem Auftrag am besten gerecht wird – und das mitten in der Welt und nicht zurückgezogen in einer religiösen Enklave.

So wird die Kirche sowohl zur Erinnerung an den ersten Akt als auch zum Vorgeschmack auf die Vollendung. Als Gemeinschaft kleiner Miniaturausgaben von Jesus können wir miteinander zu Salz und Licht werden, damit unsere Mitmenschen erleben können, wie Gott sich die Welt ursprünglich vorgestellt hat. Wieder bindet sich Gott an Menschen, um sich der Welt zu offenbaren. Statt Abraham, David oder Paulus sind dieses Mal wir an der Reihe. Durch alle Schwachheit und Unzulänglichkeit der Gemeinde soll das Licht Gottes scheinen und sein Wesen sichtbar werden. Was für eine große Würde und Verantwortung! Wir tragen den Schatz der Herrlichkeit Gottes in irdenen Gefäßen (2 Kor 4,7). Gott vertraut sich uns an und legt sein Schicksal und seinen Ruf in unsere Hände. Das bringt uns zurück zum ersten Leitmotiv der sich selbst verschenkenden Liebe: Die Glieder der Dreieinigkeit verschenken sich in Liebe aneinander. Gott selbst macht sich klein, um die Schöpfung zu ermöglichen – in Jesus verschenkt er sich ganz.

Unsere Antwort auf das Geschenk Gottes kann daher nur sein, dass auch wir uns verschenken – an Gott und an seine Geschöpfe. Gott und den Nächsten zu lieben ist das höchste Gebot. Sich zu verschenken, damit andere gesegnet werden, ist der Weg Gottes in den fünf Akten des biblischen Dramas. Uns zu verschenken, damit andere gesegnet werden, ist der Weg, wie wir Jesus in der Nachfolge ähnlicher werden können. Darin wird Gott erkannt, und darin finden wir unsere Berufung und Erfüllung.

DRANBLEIBEN UND INS GESPRÄCH KOMMEN

Nun hast du dieses kleine Buch zu Ende gelesen. Wenn du an diesen Gedanken dranbleiben und sie vertiefen möchtest, bietet es sich natürlich an, direkt in der Bibel zu lesen: Es gibt viele Übersetzungen und unterschiedlich gestaltete Ausgaben – da findet sich sicher auch eine, die zu dir passt. Außerdem wird das Gelesene in weiteren Büchern vertieft, die zu lesen sich lohnt.

Inspiration

Was ich geschrieben habe, habe ich mir nicht alles selbst ausgedacht. Vieles wurde von anderen Büchern inspiriert, deren Gedanken ich direkt oder indirekt übernommen habe. Manche dieser Bücher finde ich sehr gut und gewinnbringend, andere weniger. Manche davon sind schon etwas älter, andere noch ziemlich neu. Einige sind recht leicht zu lesen, andere wiederum sind etwas anspruchsvoller. Aber alle haben mein Denken angeregt und mich motiviert, weiter der Geschichte Gottes nachzuspüren. Vielleicht ist da ja auch etwas für dich dabei. Hier eine kleine Auswahl:

Rob Bell und Don Golden: *Jesus will die Christen retten.* Brunnen Verlag 2010.

Walter Brueggemann: *Theology of the Old Testament.* Fortress Publ. 2012.

John Goldingay: *Old Testament Theology.* IVP Academic 2003ff.

Michael J. Gorman: *Inhabiting the Cruciform God. Kenosis, Justification, and Theosis in Paul's Narrative Soteriology.* Eerdmans Publ. 2009.

Scot McKnight: *The Blue Parakeet. Rethinking How You Read the Bible.* Zondervan 2010.

Scot McKnight: *A Community Called Atonement.* Abingdon Press 2007.

Scot McKnight: *Embracing Grace. A Gospel for All of Us.* Paraclete Press 2005.

Brian McLaren: *Nachfolge auf neuem Kurs.* Neukirchener Verlag 2012.

Jürgen Moltmann: *Der gekreuzigte Gott. Das Kreuz Christi als Grund und Kritik christlicher Theologie.* Gütersloher Verlag. 9. Aufl. 2002.

Jürgen Moltmann: *Kirche in der Kraft des Geistes. Ein Beitrag zur messianischen Ekklesiologie.* Gütersloher Verlag. 2. Aufl. 2010.

Jürgen Moltmann: *Theologie der Hoffnung. Untersuchungen zur Begründung und zu den Konsequenzen einer christlichen Eschatologie.* Gütersloher Verlag. 2. Aufl. 2005.

Lesslie Newbigin: *The Gospel in a Pluralist Society.* Eerdmans Publ. 1989.

Lesslie Newbigin: *A Walk through the Bible.* Triangle 1999.

Eugene Peterson: *Eat this Book. A Conversation in the Art of Spiritual Reading.* Hodder & Stoughton 2008.

Gerhard von Rad: *Theologie des Alten Testamentes.* 2 Bde. Chr. Kaiser Verlag 1957ff.

Bo Sjogren: *Unveiled at Last. Discover God's Hidden Message from Genesis to Revelation.* YWAM Publ. 1996.

Julius Steinberg: „Literatur, Kanon, Theologie. Ein strukturell-kanonischer Ansatz für eine Theologie des Alten Testaments". In: *Jahrbuch für evangelikale Theologie* 19 (2005), S. 93-122.

Hans-Walter Wolff : *Anthropologie des Alten Testaments.* Gütersloher Verlag 2010.

Christopher J. H. Wright: Salvation Belongs to Our God. Celebrating the Bible's Central Story. IVP Academic 2008.

N.T. Wright: *Das Neue Testament und das Volk Gottes.* Verlag der Francke-Buchhandlung 2011.

N.T. Wright: *Jesus und der Sieg Gottes.* Verlag der Francke-Buchhandlung 2013.

N. T. Wright: *Von Hoffnung überrascht.* Neukirchener Verlag 2011.

Austausch

Vielleicht möchtest du aber nicht alleine vor dich hin lesen, sondern dich mit anderen austauschen. Dann hast du zwei Möglichkeiten: Auf meinem Blog http://dosi.p-shuttle.de kannst du deine Gedanken zu diesem Buch äußern und mit mir ins Gespräch kommen. Ich freue mich über dein Feedback! Des Weiteren kannst du dich mit anderen zusammentun und gemeinsam *Wie die Bibel Sinn macht* lesen und den Inhalt vertiefen. Dafür findest du auf den folgenden Seiten einige praktische Anregungen.

Tipps für das gemeinsame Lesen in der Bibel

Manchmal fällt es schwer, in einer Gruppe zu einem guten Austausch über einen Bibeltext zu kommen. Mit dem folgenden Ablauf habe ich gute Erfahrungen gemacht. Er erfordert keine Vorbereitungszeit und eignet sich für die meisten Zielgruppen.

Vorlesen
Eine Person liest den kompletten Bibeltext laut vor. Haben alle Teilnehmer dieselbe Bibelübersetzung, kann auch abwechselnd gelesen werden. Es bietet sich aber auch an, dass die Zuhörenden währenddessen die Augen geschlossen haben und den Text auf sich wirken lassen.

Für sich lesen und Entdeckungen machen
Je mehr Zeit für diesen Teil zur Verfügung steht, desto besser. Jeder liest den kompletten Text mehrmals langsam und in Ruhe durch. Dabei müssen alle mindestens eine *Entdeckung* machen: Ein Stück des Bibeltextes, das sie besonders angesprochen hat. Das können mehrere Verse sein, vielleicht auch nur ein Vers, ein Satz, ein Satzteil oder ein einzelnes Wort – etwas aus dem Text, das hängen bleibt, weil es gut tut oder Schmerzliches aufwirft, Fragen provoziert, tröstet, unverständlich ist etc. (Es kann empfehlenswert sein, allen Anwesenden den Bibelabschnitt aus derselben Übersetzung in gut lesbarer Schrift mit einigem Zeilenabstand auszudrucken, sodass auch angestrichen oder farblich markiert werden kann.)

Entdeckungen präsentieren
Der Reihe nach lesen alle ihre persönlichen Entdeckungen vor: nur das Stück des Bibeltextes, das hängen geblieben ist. Ohne Kommentar. Die anderen bekommen Zeit, um die Entdeckungen im Zusammenhang des Bibeltextes zu finden. Anschließend folgt die nächste Entdeckung.

Austausch
Sind alle Entdeckungen vorgelesen, moderiert eine Person die Gesprächsrunde und gibt den Anwesenden die Möglichkeit, sich zu ihren Entdeckungen zu äußern, falls sie das möchten. Dabei kann der Text Vers für Vers durchgesprochen werden oder man springt einfach von Entdeckung zu Entdeckung.

Allgemeine Einstiegsfragen für jedes Treffen

Falls ein Abschnitt aus *Wie die Bibel Sinn macht* gemeinsam gelesen wurde:

- Was ist mir in Erinnerung geblieben?
- Was wurde mir wichtig?
- Was habe ich nicht verstanden?
- Was sehe ich anders?

Im Folgenden erhältst du Anregungen, die dir und der Gruppe dabei helfen sollen, sich noch intensiver mit dem vorliegenden Buch und der Bibel zu beschäftigen, und miteinander ins Gespräch darüber zu kommen.

Zum Abschnitt „Über die Bibel"

Bibelstellen zum Austausch, zum Nachdenken, zur Meditation

Ps 119; 2 Tim 3,16f.; Jes 55,8f.; Jer 23,29; Spr 25,2f. und 5 Mos 29,8; 1 Kor 1,18-2,16; 13,8-13

- Welche Erfahrungen hast du mit der Bibel gemacht? Welche Rolle spielt sie konkret in deinem Leben?
- Erzähle deine Geschichte mit der Bibel. Wie wurdest du geprägt? Was ist deine Art, sie zu lesen? Wie hat sich das im Lauf der Zeit verändert?
- Was hat dir im Umgang mit der Bibel geholfen? Was hat dich behindert?
- Annäherung an das „Buch der Bücher" über *Fundstücke*: Was ist dein Lieblingsvers / Lieblingstext / Lieblingsbuch / Lieblingsgeschichte / Lieblingsfigur? (Z. B. kann bei jedem Treffen eine andere Person darüber berichten.)
- Annäherung über *Fremdstücke*: Was an der Bibel ist dir fremd? Was macht dir Angst? Was verstehst du nicht?
- Wie ändert es dein Verständnis von der Bibel, wenn du die Gesamterzählung in den Blick bekommst? Was ändert sich, wenn du sie als „Drama in fünf Akten" verstehst?

Austausch über Kernaussagen

„Es ist wichtiger, die Bibel mit dem Herzen zu lesen als mit dem Verstand."

- Was bedeutet das für dich? Wie geht das, „mit dem Herzen lesen"?

Die Bibel ist weder ein „‚Handbuch der rechten Lehre' noch eine ‚Enzyklopädie der Wahrheit', wo man bei Fragen einfach unter dem passenden Stichwort nachschlagen könnte."

- Tauscht euch miteinander über diese Aussage aus! Könnt ihr sie teilen?

„Fakten vs. Geschichten"-Übung: Beschreibt eine Person, die anwesend ist, zunächst indem ihr Fakten über sie aufzählt, und anschließend ein weiteres Mal, indem ihr Geschichten über sie erzählt. Was fällt euch dabei auf? Welche Unterschiede und Gemeinsamkeiten gibt es bei den beiden Beschreibungen? Überlegt, welche Auswirkungen das auf euer Denken über Gott hat, wenn ihr ihn eher durch Fakten bzw. eher durch Geschichten kennenlernt.

„Aus dem Nachdenken darüber, was Gott getan hat, verstanden sie [die Menschen in der Bibel] immer mehr, wie Gott ist."

- Wo und wie finden wir das in der Bibel? In unserem eigenen Leben? Was ist das Positive daran? Wo liegen die Schwierigkeiten?

Die Bibel erzählt „die Geschichte des Volkes Gottes, in die Gott uns einlädt."

- Sind wir uns darüber bewusst, dass wir Teil einer Gemeinschaft sind, die mit Abraham begonnen hat? Was macht das mit uns?

„Gott schafft eine Gemeinschaft, die in Einheit mit ihm zum Wohl ihrer Mitmenschen und der Schöpfung nach seinem Willen lebt."

- Wie können wir als Gemeinde / Familie / Ehepaar / Hauskreis / Kleingruppe eine solche Gemeinschaft sein? Woran hapert es? Was könnte helfen? Welche Schritte können wir gehen, um uns auf dieses Ziel zuzubewegen?

Zum Prolog

Wie verstehe ich Gott? Welche Vorstellungen habe ich von Gott? Inwiefern prägt mich diese Vorstellung? Wer hat sie mir vermittelt?

„Im Nachdenken über das Beziehungsgeschehen in Gott hat die alte Kirche mit vorsichtiger Sprache zu deuten versucht, dass Vater, Sohn und Heiliger Geist sich gegenseitig durchdringen und sich in Liebe aneinander verschenken. Die Dreieinigkeit Gottes besteht nicht aus drei verschiedenen Einzelwesen, sondern die Beziehungen selbst gehören zum Wesen Gottes."

- Was ändert diese Vorstellung von Gott an unserem Gottesbild? Was hat das für Konsequenzen? Zur Vertiefung bietet es sich an, Johannes 17 zu lesen.

Zum 1. Akt: Die Schöpfung

Bibelstellen zum Austausch, zum Nachdenken, zur Meditation:
1 Mos 1 & 2; Röm 4,17; Hi 38 & 39; Kol 1,15-20; Joh 1,1-4; Jes 40,12-31

Für ein gemeinsames Psalmgebet:
Ps 104; 8; 139

Die Schönheit der Schöpfung

- Miteinander reflektieren: Was ist mein Lieblingstier / meine Lieblingsfarbe / mein Lieblingsgefühl / mein Lieblingsreiseziel / mein Lieblingsessen / meine Lieblingsfrucht / meine Lieblingsblume / mein Lieblingsduft etc.?
- Miteinander die Schöpfung erleben: Z. B. bei einer Nachtwanderung, einem Grillfest, einem gemeinsamen Spaziergang, einem guten Essen, im Film „Unsere Erde", beim Zeigen eigener Fotos etc.
- Über die Einzigartigkeit der Menschen staunen: gegenseitig sagen, was ihr aneinander gut findet; vielleicht auch, was man an sich selbst mag; füreinander beten (evtl. Hörendes Gebet), einander segnen und / oder salben

Gottesebenbildlichkeit – Der Mensch als Gottes Stellvertreter

- Austausch: Was bedeutet das für dich, Stellvertreter Gottes zu sein?

- Austausch: Wie kannst du in deinem Leben, in deinem Einflussbereich (Familie, Gemeinde, Stadt, Arbeitsplatz, Staat, Gesellschaft) ein Stellvertreter Gottes sein? Wie geht das konkret? Welche Ziele oder Schritte möchtest du gehen?
- Wie könntest du guter Haushalter der Schöpfung sein? Wie geht es dir beim Einkaufen? Wie wirkt sich das auf deinen Umgang mit Energie aus? Auf deine Haltung zur Umwelt? Wie könntest du in deinem Umgang mit der Schöpfung zeigen, dass du das wertschätzt, was Gott dir gegeben hat?

Gottesebenbildlichkeit – Mann und Frau

- Welche männlichen, welche weiblichen Aspekte Gottes fallen euch ein?
- Was findet ihr an Männern gut?
- Was findet ihr an Frauen gut?

Einheit-in-Gemeinschaft

- Wie kann das Sich-Aneinander-Verschenken praktisch aussehen? In der Ehe? In der Familie? In Freundschaften? In der Kleingruppe? In der Gemeinde? Im Stadtteil? Am Arbeitsplatz? Wie können wir einander Raum schaffen?
- Wo versagt ihr? Wie gelingt es euch, einander anzunehmen? Welche Tipps habt ihr füreinander?
- Wie könnt ihr euer Miteinander in den verschiedenen Kontexten so gestalten, dass Gott darin erkannt werden kann?

Der Rhythmus des Lebens

- Wie könnt ihr euren Beruf als Berufung sehen? Was fällt euch dabei schwer? Welchen positiven, göttlichen Kern könnt ihr finden? Wie könnt ihr mit eurer Arbeit dazu beitragen, dass diese Welt im Sinne Gottes weise gestaltet wird? Wie würde Jesus dein Leben leben? Wie würde Jesus deine Arbeit tun?
- Weist euch gegenseitig darauf hin, wo ihr einen göttlichen Kern in der Tätigkeit der anderen seht.
- Wie könnt ihr den Sabbat leben? Was bedeutet das für euch? Welche Ideen habt ihr? Wie wäre es, anstatt „Sieben Wochen ohne" einmal eine „40 Tage die Schöpfung genießen"-Aktion zu machen?

Dankbarkeit

Denkt miteinander über die Schöpfung nach. Über alles, was euch Gott gegeben hat: vom Körper über Gaben, Talente, Fähigkeiten, Ressourcen, Beziehungen, Natur, etc. Drückt eure Dankbarkeit darüber aus. Schreibt einen Dankespsalm, malt Dankesbilder, macht eine Dankesrunde, schreibt täglich auf, wofür ihr *Heute* dankbar wart. Tragt das beim nächsten Treffen zusammen.

Zum 2. Akt: Die Katastrophe

Bibelstellen zum Austausch, zum Nachdenken, zur Meditation:
1 Mos 3, aber auch 4-11; Ps 51; Pred 2; Eph 2,1-3; Röm 8,22-25
Grundsätzlich kommt es bei diesem ganzen Themenkomplex darauf an, offen gegenüber den anderen zu sein und auch die eigene Zerbrechlichkeit anzuerkennen. Das kann eine Kleingruppe auf eine neue Ebene bringen.

Die Listigkeit der Schlange und die Taktik des Teufels

- Austausch: Was ist gut an Gott?
- Austausch: Welche Lügen Satans fallen dir ein? Ihr könnt dabei folgendermaßen vorgehen: Zeit der Stille → gemeinsamer Austausch → Gebet füreinander → Was ist die Wahrheit? → einander segnen und die Wahrheit zusprechen → vielleicht Zettel mit Bibelversen machen und verteilen etc.

Verantwortung: Adam steht neben Eva und greift nicht ein

- Welche Situationen fallen euch ein, in denen ihr gefordert seid, Verantwortung zu übernehmen und Dinge nicht einfach geschehen zu lassen? In der Familie? Im Job? In der Gemeinde? In der Gesellschaft?
- Was könnt ihr tun und wie kann man das am besten umsetzen? Teilt eure Herausforderungen und betet füreinander.

Zerbruch

Die Harmonie ist zerbrochen:

- zwischen dem Mensch und sich selbst
- zwischen Menschen und ihren Mitmenschen
- zwischen Menschen und Gott
- zwischen Menschen und der Schöpfung

An dieser Stelle gibt es ganz viele Möglichkeiten zu Austausch und Reflexion:

- Z. B. ein Blatt mit vier Quadranten für die vier Dimensionen des Zerbruchs basteln (eine kleine Ausführung für die einzelnen Teilnehmer, ein großes gemeinsames Plakat in der Mitte) und Themen sammeln, wo der Zerbruch spürbar wird
- Eine Zeit der Stille einlegen und für sich selbst notieren, wo man den Zerbruch spürt
- Austausch und Gebet / Segnung füreinander: Wofür schäme ich mich? Was stört / nervt mich an mir? Wo habe ich Konfliktpotenzial im Umgang mit anderen? Welche Konflikte gibt es in meinem Leben? Im Job? In der Familie? In der Gemeinde etc.?
- Nachdenken über den Umgang mit der Schöpfung und mit den Mitmenschen – Stichworte: Klimawandel, fairer Handel, Konsum, soziale Gerechtigkeit
- Austausch, Gebet / Segnung: Wo habe ich Probleme mit Gott? Wo fühle ich mich weit weg von ihm? Was fällt mir schwer an Gott?

Beschädigte Welt

- Austausch: Was fällt euch spontan ein, was in dieser Welt nicht dem guten Schöpferwillen entspricht?
- Austausch: Was in eurem Leben war wirklich Mist? Gibt es Narben, die euch prägen und mit denen ihr zu leben gelernt habt? Gibt es Wunden, die bei euch immer wieder aufbrechen?
- Wie geht ihr damit um? Was hat euch geholfen? Wie habt ihr darüber Frieden gefunden? Habt ihr erlebt, dass Gott etwas Schlimmes in etwas Wertvolles verwandeln kann?
- Gebet / Salbung / Segnung

Gott leidet mit uns – Jesus in seinem Leiden begegnen und ihm unser Leid bringen

- Lest 1 Petr 2,19-25 und Jes 52,13-53,12 miteinander
- Betet einen Klagepsalm miteinander (z. B. Ps 10; 13; 22; 88)
- Malt ein Klagebild
- Schreibt miteinander einen Klagepsalm
- Hört das Lied „Traurig" von Albert Frey an (auf der CD: *Zwischen Himmel und Erde*)
- Lest Jes 65,17-25 und Offb 21,1-22,5, in der die Hoffnung auf das Heil zum Ausdruck gebracht wird

Zum 3. Akt: Das Volk Gottes

Frage zum Einstieg: Was ist deine Lieblingsfigur oder -geschichte im Alten Testament? Warum?

Gesegnet, um ein Segen zu sein

- Lest gemeinsam den Auftrag Gottes an Abraham nach (1 Mos 12,2); als Kontrast dazu bietet sich das Buch Jona an
- Reflexion: Was hat Gott dir gegeben? Wie kannst du damit ein Segen sein? Wo, wie und wem willst du eigentlich (wie Jona) kein Segen sein?

Gott hört den Schrei der Unterdrückten

- Lest 2 Mos 3,7-10
- Austausch: Welche Situationen fallen euch noch ein, in denen Gott den Schrei der Unterdrückten hörte?
- Reflexion: Wo hörst du den Schrei der Unterdrückten (global, national, lokal)?
- Austausch: Wie kannst du / wie könnt ihr Gottes Antwort sein?

Eine Gemeinschaft, in der Gottes Segen sichtbar wird

- Lest 5 Mos 4,5-8
- Austausch: Zu welchen Gemeinschaften gehörst du? Wie können diese Gemeinschaften den Segen Gottes sichtbar werden lassen?

Als Antwort auf Gottes Gnade sind wir berufen, Gottes Willen zu leben

- Lest dazu Röm 12,1f.; Mi 6,8; Mt 22,35-40, Eph 2,10
- Austausch: Wo gelingt es dir, nach Gottes Willen zu leben? Wo hast du Schwierigkeiten dabei? Welche konkreten Schritte willst du gehen? Wie kannst du dabei einen Bezug zum Alltag (z. B. in Beziehungen) herstellen?

Könige und Richter

Das Geschick Israels war immer sehr abhängig von seinen Führungspersonen wie den Königen und Richtern. Wandelten die Könige im Willen Gottes, ging es dem Volk gut. Taten sie das nicht, ging es mit dem Volk bergab.

- Austausch: Was für Schlüsse könnt ihr daraus ziehen? Sind diese Beobachtungen auch auf die heutige Zeit übertragbar? Was ist der Anspruch Gottes an eine Leitungsperson? Wie kannst du ein guter Leiter/eine gute Leiterin sein – in deiner Familie, deinen Beziehungen etc.? Welche Leiter hast du „über" dir? Wie abhängig bist du von ihnen? Wie gehst du mit dieser „Abhängigkeit" um? Wie kannst du diese Personen unterstützen?

Die Tragik Israels

Das Volk, das ein auserwähltes Werkzeug in der Hand Gottes zum Segen der Völker sein sollte, brüstete sich damit, das auserwählte und bevorzugte Volk zu sein, das einen Anspruch auf den Segen und den Schutz Gottes hatte.

- Lest dazu z. B. Röm 2,17-29; Mt 7,12-27 (besonders Verse 21-23)
- Austausch: Wo steht ihr in derselben Gefahr? Kennt ihr diese Haltung auch von euch?
- Lest Jes 58 und Am 5. Was haben euch diese Texte heute zu sagen?

Hoffnung auf Wiederherstellung – Die Erwartung des Messias

- Lest Jes 40; Hes 34,10-16; Neh 9,36f. und Ps 72
- Wie könnte sich die Hoffnung auf Erlösung aus dem Exil und die Erwartung des Messias für die Israeliten *damals* angefühlt haben?

Thematisch-geschichtlicher Querschnitt

- Miteinander einen Psalm beten, der die Geschichte Israels nacherzählt (am besten selbst einen heraussuchen, ruhig mal in den Psalmen stöbern)
- Zwischen zwei gemeinsamen Treffen täglich denselben Geschichtspsalm beten; Austausch beim nächsten Treffen: Was macht das mit dir? Was bleibt hängen?
- Einen Psalm schreiben, der die eigene Geschichte zum Thema hat; das Auf und Ab deiner Geschichte sowie Gottes Wirken darin reflektieren
- Das Richterbuch durchlesen, das das Auf und Ab thematisiert (z. B. Ri 2,10-19 als gute inhaltliche Zusammenfassung)

Phasen der Geschichte Israels – Reflexion der persönlichen Situation

Welche der folgenden Phasen erinnert dich an deine aktuelle Lebenssituation?

- Abraham: Das Alte hinter dir lassen und dich der Führung Gottes anvertrauen
- Ägypten: Du bist gefangen und schreist zu Gott um Erlösung
- Sinai: Du spürst, dass Gott mit dir einen Bund schließen / einen Schritt weitergehen möchte
- Josua: Das neue Land liegt vor dir, jetzt gilt es, es einzunehmen
- Richter: Chaos, Auf und Ab, alles geht hin und her, du wünschst dir von Gott Ordnung, Klarheit und Führung
- Könige: Eigentlich alles super
- Exil: Alles ist schwer, du bist irgendwie vom Weg abgekommen, Gott ist fern
- Esra: Die Krise ist vorbei, jetzt bist du beim Neuaufbau
- Israel: Gott hat dir etwas verheißen, und du wartest auf die Erfüllung

Anregungen zum II. Zwischenspiel: Israel zur Zeit Jesu

- Israel wartete auf das Eingreifen des Messias – worauf wartest du? Worauf gründet sich deine Hoffnung? Welche Erwartungen hast du an Gott?
- Was kann dir helfen, die Hoffnung nicht zu verlieren?
- Israel entwickelte einen geistlichen Rhythmus

und gewisse Formen, das Leben-mit-Gott zu strukturieren. Wie geht es dir damit? Was kannst du davon lernen?
- Schau dir nochmals die verschiedenen Gruppen zur Zeit Jesu an – Pharisäer, Zeloten, Sadduzäer, Essener – sind diese in der heutigen Zeit auch noch zu finden? Was kannst du von ihnen lernen? Wo liegen die Gefahren?

Zum 4. Akt: Jesus

Bibelstellen zum Austausch, zum Nachdenken, zur Meditation:
Mt 13; Joh 1,1-14; 6,35; 8,12; 10,7.11; 11,25; 14,6; 15,1; Kol 1,15-20; Phil 2,6-11

Anregungen zum Austausch
- Wer ist Jesus für dich?
- Jesus war in vielem überraschend anders, als das seine Zeitgenossen erwartet hatten. Inwiefern ist deine Sicht von Gott so festgefahren, dass Gott dich gar nicht mehr überraschen kann?
- Jesus wurde in der Wüste versucht. Welche Versuchungen und Glaubensprüfungen kennst du? Wie gehst du mit ihnen um?
- Jesus rief die Menschen zur Umkehr und in seine Nachfolge. Was bedeutet Umkehr für dich? Geschieht sie einmal oder immer wieder? Was bedeutet es für dich, Jesus nachzufolgen?
- Jesus sah den wahren Feind nicht in den Men-

schen, sondern in den finsteren Mächten (siehe dazu auch Eph 6,10-18). Wie verändert das deine Sichtweise, wenn du andere Menschen nicht als deine Feinde betrachtest?

- Was bedeutet das Reich Gottes für dich?
- Bei Jesus waren Worte und Taten eins. Was kannst du davon lernen?
- Jesu Jünger sind dazu berufen, ihrem Meister immer ähnlicher zu werden. In welchen Bereichen ist das für dich eine besondere Herausforderung?
- Jesus sieht den Kern des Willens Gottes im Doppelgebot der Liebe zu Gott und den Mitmenschen. Denke unter diesem Aspekt über die Gebote des Alten Testamentes nach.
- Jesus formte eine Gemeinschaft. Mit welchen Menschen folgst du gemeinsam Jesus nach? Welche positiven und negativen Eigenschaften hat diese Gemeinschaft?
- Was kannst du von Jesu Beziehung zum Vater für deine Beziehung zu Gott lernen?
- Wenn Jesus das Ebenbild Gottes ist, dann ist Gott wie Jesus. Was kannst du von Jesus über Gott lernen?
- Wie lässt sich Jesu Aufruf zur Feindesliebe und zum Gewaltverzicht heute konkret leben?
- Jesus kündigte das Gericht über die damalige Generation Israels an, das auf schreckliche Weise eintraf. Ist so etwas auch heute noch denkbar?
- Jesus legte viel Wert darauf, dass unser Leben Frucht bringt: Sprecht einander zu, wo ihr diese Frucht im anderen erkennen könnt.

- Feiert gemeinsam das Abendmahl und denkt darüber nach, was das Abendmahl für euch bedeutet.

Nachsinnen über den Tod Jesu (Zwischenspiel III)
- Kennst du das Gefühl, von Gott verlassen worden zu sein?
- Wie verändert sich dein Bild von Gott, dem Vater, wenn du dir vorstellst, wie er unter dem Tod seines Sohnes gelitten hat?
- „Seit Golgatha ist Gott nicht mehr derselbe" – darf man so etwas sagen? Macht das Sinn?
- Verändert es deine Sichtweise vom Tod Jesu, wenn du weniger über das Warum und mehr über das Wozu nachdenkst?
- Welche biblischen Bilder und Deutungsmuster für das, was durch Jesu Tod geschah, fallen dir ein? Welche sind dir besonders wichtig? Welche findest du problematisch?

Zum 5. Akt und zum Epilog

Bibelstellen zum Austausch, zum Nachdenken, zur Meditation:
Jes 65; Mt 28; Lk 24; Joh 20f.; 1 Kor 15; Offb 21f.

Anregungen zum Austausch:
- Was hat sich seit der Auferstehung Jesu verändert?
- Was hat sich seit Pfingsten verändert?
- Mit welchen Menschen in der Gemeinde / in der

Kirche hast du Schwierigkeiten? Wie gehst du damit um?
- Wie kannst du die Versöhnung, die Jesus gebracht hat, praktisch leben?
- Welchen Teil in oder an dir würde der Heilige Geist gerne mehr ins Ebenbild Jesu verwandeln? Wie kannst du mit ihm zusammenarbeiten?
- Auf welche Aspekte von Gottes neuer Welt freust du dich?

Zum Nachklang

Bibelstellen zum Austausch, zum Nachdenken, zur Meditation:
Apostelgeschichte und Briefe des Neuen Testamentes

Anregungen zum gemeinsamen Bibelstudium:
- Apostelgeschichte 15: Wo lag das Problem? Wie haben die Apostel Entscheidungen getroffen? Was können wir von ihnen lernen?
- Der erste Korintherbrief: Welche Probleme gab es in der Gemeinde? Welche Antworten gibt Paulus? Was können wir für uns daraus mitnehmen?

Anregungen zum Austausch:
- Was bedeutet es für dich, mitten im fünften Akt zu leben?
- Wie kannst du deine Rolle im fünften Akt richtig interpretieren?

- Wenn du dir die verschiedenen Konfessionen und Denominationen, Kirchen und Gemeinden anschaust – was fällt dir positiv oder negativ daran auf, wie sie ihre Rolle interpretieren? Was kannst du von ihnen lernen?
- Wo nimmst du Gottes Wirken im öffentlichen, gesellschaftlichen, kulturellen, geistigen und politischen Leben wahr? Wie kannst du es unterstützen?
- Wenn die Kirche ein Leib mit vielen Gliedern ist – wie siehst du deine Rolle darin?
- Wie kannst du persönlich und in der Gemeinschaft, zu der du gehörst, dazu beitragen, dass Menschen mit sich selbst, miteinander, mit Gott und der Schöpfung versöhnt werden?
- Welche Gestalt sollte Gemeinde oder Kirche dort haben, wo du bist, damit sie ihre Mission am besten leben kann?
- Wo würde Jesus hingehen und wem würde er sich zuwenden, wenn er dein Leben leben würde?
- Wie kannst du dich selbst als Antwort auf die Gnade Gottes, der sich an dich verschenkt hat, weiterverschenken?